한국인을 위해 설계한 최고의 중국어 학습서!

加油 지아요우

초급 중국어

박용진, 박병선, 장은수, 张 燕, 郭小明

소리내

서문 序文

《지아요우 초급중국어》는 중국어를 처음 배우는 학생들을 위해서 쓰여진 책입니다.

이 책을 구상하면서 가장 깊이 고민했던 점은 각과에 나오는 문법항목 배치와 그에 어울리는 주제로 어떻게 대화상황을 만들 것인가에 대한 것이었습니다. 이 책의 문법항목의 배치에 대해서는 박용진(2015)의 〈한국인 중국어 학습자를 위한 필수문법항목 설계〉를 참조했고, 대화상황의 주제 선정은 위수광(2015)의 〈중국어 교육문법의 표현항목 선정에 관한 고찰 - 의사소통 기능항목을 토대로〉를 참조했습니다.

지난 19년 동안 한 가지 연구과제가 머릿속을 떠나지 않고 있었는데, 바로 모국어가 한국어인 중국어 학습자를 위한 '필수문법항목'을 설계하는 것이었습니다. 이 문법항목을 설계한 목적은 모국어가 한국어인 중국어 학습자에게 가장 효율적인 중국어 학습방법을 만들어내기 위해서였습니다. 이 책은 그 고민에서 나온 첫 번째 결과물입니다. 그러나 의욕보다는 상당히 부족한 결과물이어서 부끄럽기 그지 없습니다. 교재를 만드는 것 역시 또 다른 거대한 학문영역이라는 것을 배웠습니다.

1. 학생들에게 드리는 건의

중국어를 배우고자 하는 학습자나 지금 막 중국어를 시작한 학생들에게 가장 어려운 부분은 아마 중국어의 발음과 성조일 것입니다. 사실 외국어로서의 중국어에서 가장 학습하기 힘든 부분은 바로 중국어의 발음과 성조입니다. 그런데 중국어의 발음과 성조만 무난히 학습하고 나면, 중국어는 우리에게 어려운 외국어가 아닙니다. 상당히 많은 부분의 어휘나 문법구조가 한국어를 모국어로 하는 학습자에게 쉽게 학습될 수 있는 구조를 가지고 있습니다.

여러분은 글로벌 시대에 살고 있고, 살아가야 하며, 이 사이에서 협력과 경쟁을 해야 하는 세대입니다. 그렇다면 여러분, 이런 생각을 가지면 어떨까요?

知之者不如好之者, 好之者不如樂之者 。(《論語 · 雍也》)
어떤 사실을 아는 사람은 그것을 좋아하는 사람만 못하고,
좋아하는 사람은 즐기는 사람만 못하다.

즐기면서 중국어를 배우시기 바랍니다. 처음에는 조금 힘들겠지만, 힘든 것을 즐기다 보면 머지않아 넓고 광활한 대륙을 여러분의 발로 돌아다닐 수 있습니다. 그래서 이 책의 제목도《지아요우 초급중국어》입니다. '지아요우 加油!'는 한국어로 '파이팅!'입니다. 여러분의 미래를 위해서 '加油!'

2. 교사에게 드리는 건의

이 책은 다음과 같이 구성했습니다.

(1) 현대중국어 소개: 수업의 첫 시간에 사용하는 것이 좋습니다.

(2) 각과와 관련된 그림과 어휘: 이 부분을 사용해서 본문을 시작하기 전에, 교사는 학생들과 이야기를 나누기 바랍니다.

(3) 회화 본문: 각과마다 세 개의 상황으로 나누었습니다.

(4) 핵심표현: 회화 본문 뒤에 수록했습니다. 문법항목을 소개한 부분도 있고, 문구를 소개한 부분도 있습니다. 문법항목을 소개한 부분은 기능-구조-용법의 순서로 소개했습니다. 이 부분은 鄧守信 교수의 문법항목 서술방법을 사용한 것입니다. 기능에는 문법항목의 역할을 서술했고, 구조는 문법항목의 외형적인 형태를, 용법은 문법항목을 학습할 때 주의해야 할 것들을 서술했습니다.

(5) 단문과 간체자 쓰기: 본문의 내용을 요약해서 평서문으로 서술한 것입니다. 이 부분은 간체자와 번체자를 같이 병행하여 배치했습니다. 학생들에게 눈으로 번체자 한자를 학습하도록 하기 위함입니다. 그리고 단문의 내용을 간체자로 쓰도록 했습니다.

(6) 교실활동: 각과마다 다양한 활동을 소개했습니다.
(7) 연습: 각과의 본문에서 배운 것을 확인하는 부분입니다.
(8) 재미있는 중국어: 중국어 속어를 소개했습니다.
(9) 문화 지식: 중국의 문화에 대해 소개했습니다.
(10) 핵심구: 각과의 회화 본문 내용 중에서 가장 중요한 문구를 선별했습니다.
(11) 따라 읽기(표지판, 논어 명구): 교재의 사이사이에 중국어 표지판 문구와 논어에 나오는 명구를 배치했습니다. 이를 통하여 중국어 문언문을 이해하고 학습하도록 했습니다.
(12) 쓰기: 교재의 가장 마지막에 배치했고, 각과의 단문을 한자쓰기로 연습하도록 했습니다.

최근 출간되는 초급중국어 교재를 보면, 학습자를 배려하는 차원에서 시작했는지는 잘 모르겠지만, 내용이 너무 쉬워졌다는 생각이 듭니다. 이 책은 이런 종류의 책과 비교할 때 상당히 많은 단어와 표현들을 소개하고 있습니다. 예를 들면, 각과와 관련된 그림과 어휘, 세 개의 회화 본문, 조금 긴 핵심표현 설명과 예문, 번체자 단문 소개, 쓰기 등입니다.

우리가 이와 같이 교재를 편집한 이유는 두 가지입니다. 첫째는 교사에게 교실수업에 필요한 많은 자료를 제공하기 위해서입니다. 둘째는 학습정도에 따라 수업 내용을 조절 가능하도록 하기 위해서입니다.

우리는 교재 안의 모든 것을 교사가 다 교수하거나, 학생이 다 학습하지 않아도 된다고 생각합니다. 학생들이 학습할 수 있는 정도까지 교수하면 되며, 따라서 학습의 정도에 따라서 교사가 조절하면 됩니다. 이 모든 것을 다 가르칠 필요는 없다고 생각합니다. 혹은 흥미에 따라 학습할 수 있는 정도까지만 교수하면 됩니다.

한 가지 비유를 하며 이글을 마무리하고자 합니다. 주말이면 아파트 현관문에 광고문들이 붙어 있는 경우가 많습니다. 치킨, 피자, 족발 등 주말에 편하게 주문해서 먹을 수 있는 음식들입니다. 몇 개의 광고문을 펼쳐 놓고, 혹은 음식광고 책자를 뒤적이며 음식을 고릅니다. 그때 그때 상황에 따라서 음식을 고르는 조건이 다르겠지만, 어떤 경우든 음식 사진을 많이 참고하게 됩니다. 그리고 맛있게 보이는 음식을 선택한 다음에 주문을 합니다. 그런데 음식사진을 보고 선택한 주문이 성공한 적도 있지만 실패한 적도 많습니다. 왜냐하면 음식사진의 빛깔이 그 음식의 맛을 보증하는 것이 아니기 때문입니다. 음식사진이 맛깔스럽게 나온 것은 사진작가의 능력이고, 음식의 맛은 요리사의 능력입니다.

교실 수업 역시 같은 이치라고 생각합니다. 교실 수업이 성공하려면 교사의 능력이 잘 발휘되어야 합니다. 교재 안의 많은 자료를 어떻게 활용할 것인가, 언제 활용할 것인가, 무엇을 활용할 것인가에 대해서 교사는 항상 고민해야 합니다. 우리의 선택에 따라 맛있는 음식을 먹을 수 있는 것처럼, 교사의 고민 정도에 따라 교실 수업 역시 재미있을 수도 있고, 지루할 수도 있습니다. 따라서 교실 수업 역시 하나의 큰 학문영역입니다.

우리는 성공적인 교실 수업을 위해서 재료만을 제공할 뿐입니다. 우리는 가장 신선하고 쉽게 구할 수 있는 최신의 재료를 제공하고자 많은 시간을 할애했습니다. 우리의 노력이 좋은 열매로 결실을 맺기를 고대해 봅니다. 선생님, '加油!'

끝으로, 현장의 사진을 제공해 준 이민형, 박소현, 박수민, 한다슬에게 감사드립니다. 그리고 교재 편찬에 많은 조언을 해주신 엄익상 교수님께 감사드립니다. 마지막으로 중국어라는 낯선 언어를 출판하는 데 수고해 주신 황갑연 교수님, 송덕호 실장님, 이진영 선생께 감사드립니다.

저자를 대표해서 박용진

차례 目录

차례 目录

10
第十课

网络汉语 ··· 151

학습내용

第一课	학습목표	• 중국어 기초 발음 익히기 • 기본적 인사말 학습하기 • 인사, 작별 표현 학습하기
	핵심표현	• 인칭 • 你好! • 再见 • 복수표지 '-们'
	문 화	• 중국어 인사말

第二课	학습목표	• 중국어 기초 발음 익히기 • 이름, 국적 묻는 표현 학습하기
	핵심표현	• 您贵姓? • 의문사 '哪' • 부정표지 '不' • 의문표지 '～吗' • 의문사 '谁'
	문 화	• 중국어 존대표현

第三课	학습목표	• 중국어 기초 발음 익히기 • 나이, 요일 표현 학습하기 • 시간 표현 학습하기
	핵심표현	• 날짜를 묻는 의문사 '几' • 의문사 '多' • 수식표지 '的' • 시간을 묻는 의문사 '几' • 요일을 묻는 의문사 '几'
	문 화	• 중국의 명절과 공휴일

과	구분	내용
第四课	학습목표	• 중국어 기초 발음 익히기 • '不' 성조변화 익히기 • 시간 부사어의 일상 표현 학습하기
	핵심표현	• '주어+서술어+목적어' 어순 • 의문사 '什么' • 존재 '有' • 시간을 나타내는 어휘의 위치 • 함께 무엇을 하다 'A 和 B 一起'
	문 화	• 중국의 대중가요 甜蜜蜜
第五课	학습목표	• '一'의 성조 변화 익히기 • 장소와 위치 표현 익히기
	핵심표현	• 의문사 '哪儿' • 의문사 '怎么' • 연동문 • 존재 '在' • 장소와 함께 사용하는 '在' • 请进 • 부사 '很' • 조동사 '可以' • 선택의문 'A 不 A'
	문 화	• 중국인의 주거
第六课	학습목표	• 전화 표현 학습하기 • 축하 표현 학습하기 • 초대 표현 학습하기
	핵심표현	• 喂，秀贤在吗？ • 제안표지 '吧' • 晚上我请您吃炸酱面。 • 동사중첩 • 祝你生日快乐！ • 중심어 생략표지 '的'
	문 화	• 중국의 생일 풍습

第七课		
	학습목표	• 중국 화폐 단위 소개 • 가격 묻고 답하는 표현 익히기
	핵심표현	• 완료표지 '了' • 상태변화 표지 '了' • 처치표지 '把' • 수량을 묻는 의문사 '多少' • 중국 화폐 단위
	문 화	• 중국에서 햄버거와 커피 메뉴 말하기

第八课		
	학습목표	• 병원 관련 표현 익히기 • 정도 표현 학습하기
	핵심표현	• 我有点儿不舒服。 • 상태변화 표지 '了' • 연동문 • '太…了' • 겸어문
	문 화	• 중국 유학 전에 이것만은 꼭 알기!

第九课		
	학습목표	• 자신의 계획 말하기 • 수량표현 익히기
	핵심표현	• 조동사 '要' • 听说你要去中国学习。 • 중심어 생략표지 '的' • 선택의문 '还是' • 양사 • 马上就来。
	문 화	• 중국의 음식문화

第十课		
	학습목표	• 컴퓨터와 인터넷 관련 용어 익히기 • 비교표현 학습하기
	핵심표현	• 비교표지 '比' • 这台电脑又轻又薄。 • 조동사 '想' • 慢(一)点儿。 • 조동사 '可以'
	문 화	• 중국의 인터넷 용어

현대중국어 소개

중국어는 전 세계 인구의 약 1/5이 사용하고 있는 언어이다. 중국어는 汉语 Hànyǔ, 华语 Huáyǔ, 中文 Zhōngwén, 国语 Guóyǔ, 普通话 Pǔtōnghuà 등으로 불린다. 1949년 이후로 중국은 표준중국어를 普通话 (Common Language)로 부르기 시작하였고, 대만에서는 国语 Guóyǔ, 华语 Huáyǔ라고 칭하기도 하고, 홍콩과 싱가포르에서는 华语 Huáyǔ라고 부른다.

중국어의 특징을 소개하면 다음과 같다.

문법적 특징

- 중국어 문장성분은 주어, 술어, 목적어, 관형어, 부사어, 보어가 있다.
- 주어는 진술, 묘사, 설명의 대상이고, 술어는 주어를 진술, 묘사, 설명하고, 목적어는 주어를 통해서 술어의 내용을 받는 대상이다. 관형어는 주어와 목적어를 수식하거나 한정하고, 부사어는 술어를 수식하거나 한정한다.
  보어는 술어를 보충 설명한다.
- 중국어의 기본 어순은 주어 + 술어 + 목적어 형태이다.
- 중국어 어순을 자세히 살펴보면,
  관형어 + 주어 + 부사어 + 술어 + 보어 + 관형어 + 목적어 로 이루어졌다.
  한국어 어순과 다른 부분은 '보어'의 활용과 '술어 + 목적어'의 순서뿐이다.
- 중국어 어순 배열은 고정적이지 않고, 목적에 따라 변형될 수 있다. 따라서 어순이 문장의 의미에 중요한 근거가 된다.
- 중국어는 한국어와 같이 '수식어+피수식어'로 이루어졌다.
- 중국어는 한국어와 같이 주제어(topic)가 발달된 언어이다.
- 중국어는 한국어와 같이 동사와 형용사가 술어가 된다.
- 중국어의 동사술어의 배치는 시간과 동작의 순서에 의거하는 경우가 많다.
- 중국어는 한국어와 달리 행위의 결과가 뒤에 온다.

형태적 특징

- 중국어는 어형변화가 일어나지 않는 고립어이다. 따라서 인칭 person, 성 gender, 수 number, 시제 tense, 격 case 등이 발달되어 있지 않다.
- 중국어는 한국어와 달리 양사가 발달되어 있다.
- 중국어는 주로 하나의 음절 syllable로 이루어졌으며, 단음절과 단음절이 합성된 이음절어가 어휘의 대다수를 차지한다.

음운적 특징

- 중국어는 성조언어이다. 4가지 성조 声调 tone와 경성 轻声 nueutral tone이 있다.
- 중국어를 로마자로 표기하는 발음부호를 한어병음(汉语拼音, Hànyǔ pīnyīn)이라 한다.
- 중국어는 매 음절마다 하나의 성조를 가지고 있다.
- 중국어는 '(자음)(모음)모음(모음/자음)'으로 이루어졌다.

c는 자음을 의미하는 consonant의 머리자이고, v는 모음을 의미하는 vowel의 머리자이다.
'( )'은 없을 수 있다는 의미이다. 간결하게 표시하면, '(c)(v)v(v/c)'이다.

- 중국어의 성모와 운모 그리고 성조는 다음과 같이 구성되어 있다.

성조			
성모	운모		
	개음	주요모음	운미
자음	i, u, ü	a, e, o, i, u, ü	i, o, u, n, ng

- 중국어의 첫 자음은 성모 声母라고 부르고, 나머지를 운모 韵母라고 부른다.
- 중국어의 성조는 인접한 성조에 영향을 받아 변할 수 있다.
- 한자의 형태가 비록 같을지라도, 다른 성조나 다른 음을 가질 수 있다.
- 중국어 방언은 크게 북방北方 Běifāng 방언, 오吴 Wú 방언, 상湘 Xiāng 방언, 감赣 Gàn 방언, 객가客家 Kèjiā 방언, 민闽 Mǐn 방언, 월粤 Yuè 방언 등이 있다.

중국어 자음의 발음 방법

双唇音	양순음	b	윗입술과 아랫입술이 붙었다가 내는 소리이며, 파열음이다.
		p	윗입술과 아랫입술이 붙었다가 바람이 세게 나오면서 내는 소리이며, 파열음이다.
		m	윗입술과 아랫입술이 붙었다가 성대의 울림을 수반하며 소리를 내는 비음이다.
唇齒音	순치음	f	윗니가 아랫입술과 마찰을 하며 내는 소리이며, 마찰음이다.
舌尖前音	치음	z	혀끝이 앞니에 닿으면서 내는 소리이며, 파찰음이다.
		c	혀끝이 앞니에 닿으면서 바람이 세게 나오면서 내는 소리이며, 파찰음이다.
		s	혀끝이 앞니에 닿으면서 내는 소리이며, 마찰음이다.
舌尖中音	치조음	d	혀 앞부분이 윗잇몸에 닿으면서 내는 소리이며, 파열음이다.
		t	혀 앞부분이 윗잇몸에 닿으면서 바람이 세게 나오면서 내는 소리이며, 파열음이다.
		n	혀 앞부분이 윗잇몸에 닿으면서 내는 소리이며, 성대의 울림을 수반하며 내는 비음이다.
		l	혀 앞부분이 윗잇몸에 닿으면서 내는 소리이며, 성대의 울림을 수반하며 내는 설측음이다.
舌尖后音 (卷舌音)	교설음	zh	혀끝을 위로 치켜 올려서 내는 소리이며, 파찰음이다.
		ch	혀끝을 위로 치켜 올려서 바람이 세게 나오면서 내는 소리이며, 파찰음이다.
		sh	혀끝을 위로 치켜 올려서 내는 소리이며, 마찰음이다.
		r	혀끝을 위로 치켜 올려서 내는 소리이며, 접근음이다.
舌面前音	(전)경구개음	j	혀 앞부분이 곧게 펴서, 윗잇몸과 경구개 사이에 닿아 내는 소리이며, 파찰음이다.
		q	혀 앞부분이 곧게 펴서, 윗잇몸과 경구개 사이에 닿아 바람이 세게 나오면서 내는 소리이며, 파찰음이다.
		x	혀 앞부분이 곧게 펴서, 윗잇몸과 경구개 사이에 닿아 내는 소리로, 마찰음이다.
舌面后音	연구개음	g	혀의 뒷부분과 연구개 사이로 내는 소리이며, 파열음이다.
		k	혀의 뒷부분과 연구개 사이로 바람이 세게 나오면서 내는 소리이며, 파열음이다.
		h	혀의 뒷부분과 연구개 사이로 내는 소리이며, 마찰음이다.

중국어 모음의 발음 방법

	전설모음		중설모음	후설모음	
	비원순	원순	비원순	비원순	원순
고모음	i[i]	ü[y]			u[u]
중모음	e[e]		e[ə]	e[ɤ]	o[o]
중저모음	a[ɛ]				
저모음	a[a]			a[ɑ]	

* [ ]는 국제음성기호입니다.

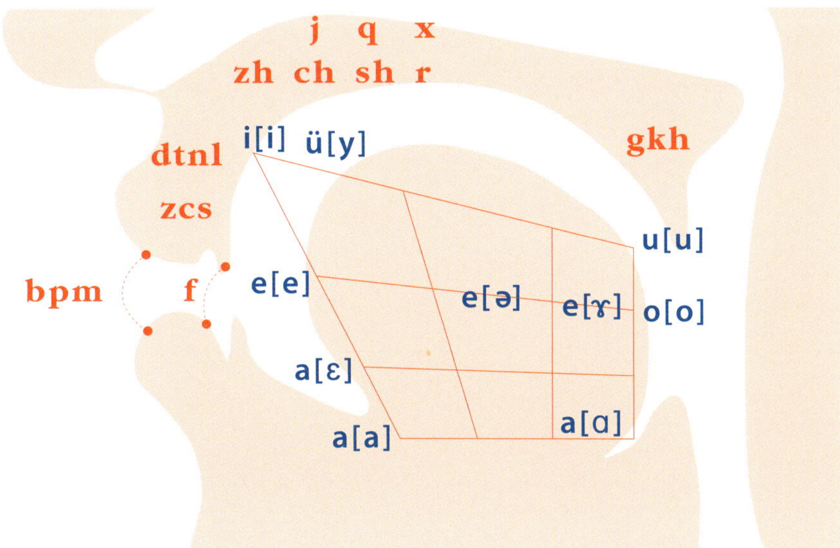

- **전설 고모음** i : 한국어의 [이]와 같다.
- **원순 전설 고모음** ü : 한국어의 [위]와 같다.
- **원순 후설고모음** u : 한국어의 [우]와 같다.
- **중설 중모음** e[e] : 한국어의 [에]와 같다. 'e+i', 'i+e', 'ü+e'에서 이렇게 발음된다.

  예) 妹妹 mèimei | 姐姐 jiějie | 音乐 yīnyuè
- **전설 중모음** e[ə] : 한국어의 [어]와 같다. 'e+i', 'i+e', 'ü+e' 이외에, 이렇게 발음된다.

  예) 门 mén | 可 kě
- **전설 저모음** a[a] : 한국어의 [아]와 비슷하게 발음되나, 후설음 a[ɑ]보다 앞에서 조음된다.

  'a+i', 'i+a', 'a+n'에서 이렇게 발음된다.

  예) 来 lái | 家 jiā | 慢 màn
- **후설 저모음** a[ɑ] : 한국어의 [아]와 비슷하게 발음되나, 전설음 a[a]보다 뒤에서 조음된다.

  'a+o', 'u+a', 'a+ng'에서 이렇게 발음된다.

  예) 老 lǎo | 瓜 guā | 忙 máng
- **전설 중모음** a[ɛ] : 한국어의 [애]와 같다. 'ian', 'üan'에서 이렇게 발음된다.

  예) 严 yán | 原 yuán
- **설첨고모음** i[ɿ,ʅ] : 한국어의 중설 고모음 [으]보다 앞에서 혀끝으로 조음되는 특수 모음이다. 설첨전고모음 [ɿ]는 z, c, s와 결합하고, 설첨후고모음 [ʅ]는 zh, ch, sh와 결합한다. 한어병음은 둘 다 'i'로 표기한다.

등장인물 소개

김수현
(金秀贤, Jīn Xiùxián)

중국에서 유학 중인
한국 남학생
나이 22
현빈과 친구

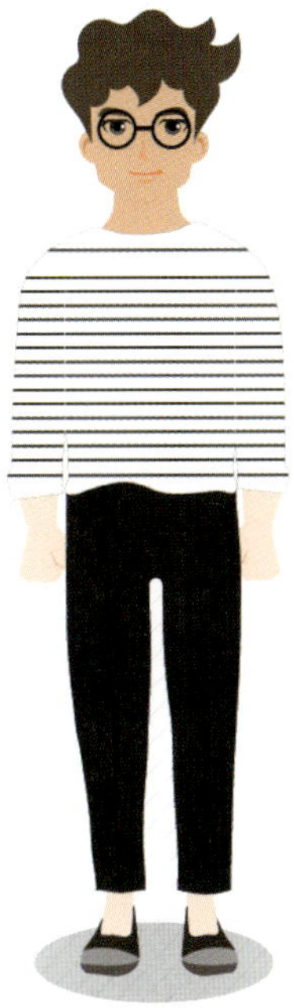

이현빈
(李玄彬, Lǐ Xuánbīn)

중국에서 유학 중인
한국 남학생
나이 22
수현과 친구

赵美
(Zhào Měi)

중국학생
나이 22
중국에서 대학에 재학 중인
여학생

习涛
(Xí Tāo)

중국학생
나이 22
중국에서 대학에 재학 중인
남학생

01
第一课

你好!
Nǐ hǎo!

학습목표

1. 중국어 기초 발음 익히기
2. 기본적 인사말 학습하기
3. 인사, 작별 표현 학습하기

① 我 wǒ 나 ② 我们 wǒmen 우리들 ③ 你 nǐ 너, 당신 ④ 您 nín 당신, 你의 높임말
⑤ 你们 nǐmen 너희들, 당신들 ⑥ 他 tā 그 ⑦ 他们 tāmen 그들 ⑧ 她 tā 그녀
⑨ 她们 tāmen 그녀들

1. 声调 성조

☆ 중국어의 성조는 소리의 높낮이를 나타내는 것으로 네 개의 성조가 있습니다.

01-01

제1성

높은 음 5에서 처음부터 끝까지 이어져 발음한다.

mā 妈

제2성

중간 음 3에서 높은 음 5로 올리며 발음한다.

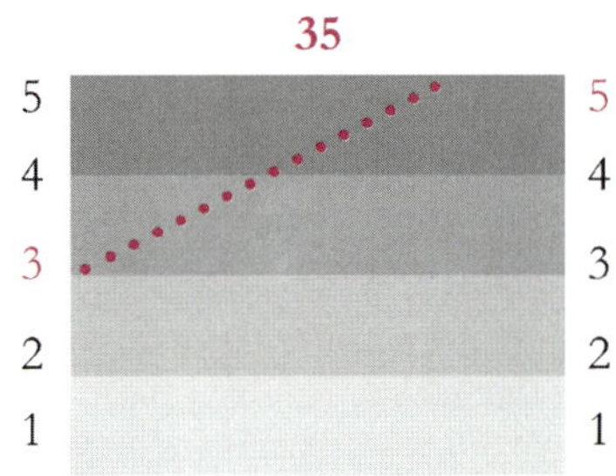

má 麻

제3성

낮은 음 2에서 낮은 음 1로 내렸다가, 낮은 음2로 올리며 발음한다.

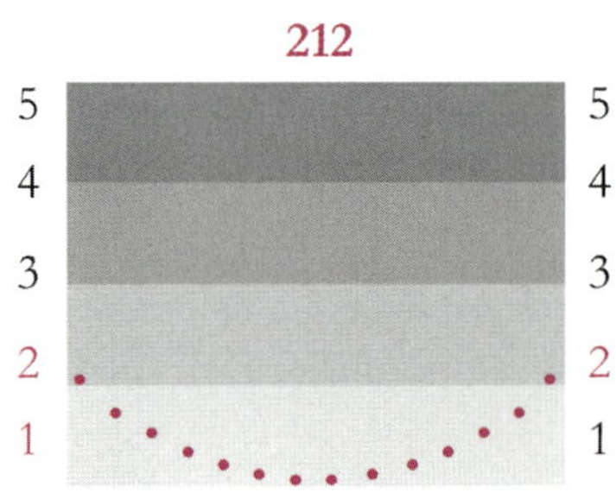

mǎ 马

제4성

높은 음 5에서 낮은 음 1로 내리며 발음한다.

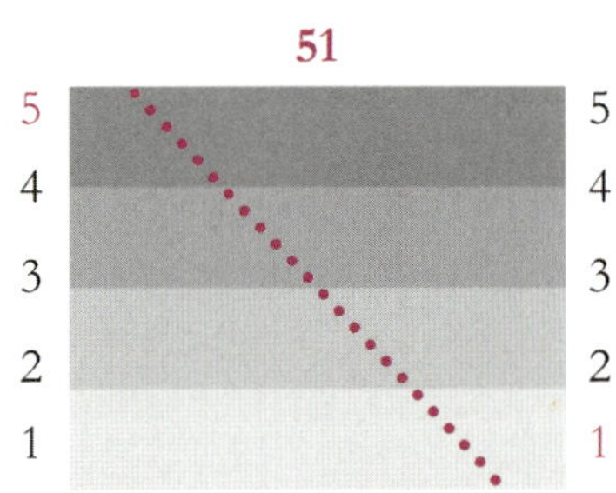

mà 骂

2. 중국어로 숫자 읽기

01-02

一
yī

二
èr

三
sān

四
sì

五
wǔ

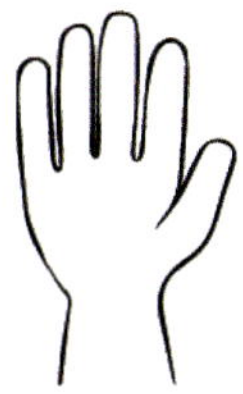

六
liù

七
qī

八
bā

九
jiǔ

十
shí

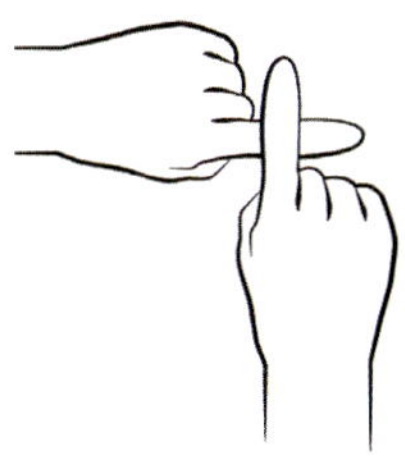

3. 声母 성모

01-03

b	p	m	f

bā	pó	mā	fú
八	婆	妈	福

d	t	n	l

dì	tī	nǚ	lì
地	踢	女	力

4. 韵母 운모

01-04

a	ā	á	ǎ	à	啊 à
o	ō	ó	ǒ	ò	哦 ó
e	ē	é	ě	è	饿 è
i	yī	yí	yǐ	yì	一 yī
u	wū	wú	wǔ	wù	五 wǔ
ü	yū	yú	yǔ	yù	雨 yǔ

会话 회화 1

01-05 회화1

수현과 赵美가 처음 만나서

秀贤: 你好!
Nǐ hǎo!

赵美: 您好!
Nín hǎo!

수현과 习涛가 아침에 만나서

秀贤: 你早!
Nǐ zǎo!

习涛: 早!
Zǎo!

단어 정리

01-05 회화1_단어

你	nǐ	인칭대명사	너
您	nín	인칭대명사	당신 (존칭)
你好!	Nǐ hǎo!		안녕하십니까!
你早!	Nǐ zǎo!		안녕하십니까! (아침 인사말)

核心攻略 핵심표현

1. 인칭

중국어의 인칭대명사를 알아봅시다.

	단수	
1인칭	我	wǒ
2인칭	你	nǐ
	您	nín
3인칭	他	tā
	她	tā

2. 你好!

가장 일반적인 인사표현으로 '안녕하십니까! / 안녕하세요.'라는 뜻입니다.
시간대에 따른 다양한 인사법이 있습니다.

아침 인사	早 zǎo 早上好 zǎoshang hǎo	你早 nǐ zǎo 早安 zǎo'ān
오후 인사	下午好 xiàwǔ hǎo 午安 wǔ'ān	
저녁 인사	晚上好 wǎnshang hǎo	
자기 전에 하는 인사	晚安 wǎn'ān	

· 早上 zǎoshang 아침
· 下午 xiàwǔ 오후
· 晚上 wǎnshang 저녁
· 好 hǎo 좋다. 아름답다. 만족하다
· 安 ān 편안하다. 안정되다

会话 회화 2

01-06 회화 2

수현과 习涛, 赵美가 헤어지면서

秀贤: 再见!
Zàijiàn!

习涛: 再见!
Zàijiàn!

秀贤: 明天见!
Míngtiān jiàn!

赵美: 明天见!
Míngtiān jiàn.

단어 정리

01-06 회화 2_단어

再见	zàijiàn	동사	(인사말로) 또 뵙겠습니다
见	jiàn	동사	만나다
明天	míngtiān	명사	내일

核心攻略 핵심표현

1. 再见!

'再见!'은 헤어질 때의 가장 일반적인 인사표현으로, '다시 만나요!', '잘가요!'입니다.
'见'을 넣어 다양한 인사표현을 할 수 있습니다.

明天见! Míngtiān jiàn!	내일 만나요!
晚上见! Wǎnshang jiàn!	저녁에 만나요!
下次见! Xiàcì jiàn!	다음에 만나요!

· 下次 xiàcì 다음, 다음 번

위의 표현 이외에 다른 인사법이 있습니다.

回头见! Huítóu jiàn!	나중에 만나요!
一会儿见! Yíhuìr jiàn!	잠시 후에 만나요!
慢走! Màn zǒu!	조심히 가세요.

· 回头 huítóu 나중에
· 一会儿 yíhuìr 잠시, 곧
· 慢走 mànzǒu 조심히 가세요

会话 회화 3

01-07 회화3

교실에서 수업을 시작하면서

王老师: 同学们好!
Tóngxuémen hǎo!

学生: 老师好!
Lǎoshī hǎo!

수현이 习涛의 발을 실수로 밟은 후

秀贤: 对不起!
Duìbuqǐ!

习涛: 没关系!
Méiguānxi

단어 정리

01-07 회화3_단어

同学	tóngxué	명사	학우, 학교 친구
们	men		복수 표시
老师	lǎoshī	명사	선생님
对不起	duìbuqǐ		미안합니다
没关系	méiguānxi		괜찮습니다

核心攻略 핵심표현

1. 복수표지 '-们'

기능 '-们'은 중국어의 복수 표지입니다. 지정된 다수의 사람을 표현할 때 사용되고, 정확한 숫자를 나타내지 않습니다.

구조 '-们'은 사람 명사 뒤에 위치합니다.

단수	복수
我 wǒ	我们 wǒmen
你 nǐ 您 nín	你们 nǐmen
他 tā 她 tā	他们 tāmen 她们 tāmen
同学 tóngxué 老师 lǎoshī	同学们 tóngxuémen 老师们 lǎoshīmen

용법 '-们'은 사람의 복수를 나타내는 표지 이외에는 사용되지 않습니다.

따라 읽어보기(표지판)

爱我，别踩我。
ài wǒ, bié cǎi wǒ.

사랑해 주세요. 나를 밟지 마세요

课堂活动 교실 활동

한시감상 诗歌 shīgē

静夜思 - 李白
Jìng yè sī　Lǐ Bái

床前明月光	Chuáng qián míng yuè guāng	침상 위에 밝은 빛이 비추니
疑是地上霜	Yí shì dì shàng shuāng	땅 위에 서리가 내린 것처럼 보이네
举头望明月	Jǔ tóu wàng míng yuè	고개를 들어 밝은 달을 바라보며
低头思故乡	Dī tóu sī gù xiāng	고개를 숙여 고향을 그리워하네

빙고 宾果 Bīnguǒ

방법

1) 빙고의 칸에 아래의 한어병음을 중복이 되지 않게 채운다.

chuáng, qián, míng, yuè, guāng, yí, shì, dì,
shàng, shuāng, jǔ, tóu, wàng, sī, gù, xiāng

2) 한 사람씩 차례로 빙고 표 안의 단어를 읽는다.

3) 가로, 세로 또는 대각선으로 세 줄을 먼저 완성한 사람이 'bīnguǒ'를 외친다.

练习 연습

1. 다음을 읽어보시오.

pa / ba　　po / bo　　mu / nu　　di / ti

ta / de　　lu / nu　　fu / pu　　da / ta

2. 다음 대화문을 완성하시오.

(1) A: 你好!

B: ______________________________!

(2) A: 再见!

B: ______________________________!

(3) A: 老师好!

B: ______________________________!

(4) A: 对不起!

B: ______________________________!

3. 다음 단어의 한어병음과 뜻을 써 보고 읽어보시오.

你 ____________ 老师 ____________

他们 ____________ 对不起 ____________

明天 ____________

4. 다음 숫자를 읽고 한어병음을 써보시오.

一 ________ 二 ________ 四 ________

六 ________ 八 ________ 十 ________

趣味汉语 재미있는 중국어

不见不散 bújiàn búsàn

끝까지 약속을 지키며 기다린다.

· 散 sàn 흩어지다

文化知识 문화 지식

중국어 인사말

중국어에도 다양한 인사말이 있습니다. 상황에 따른 인사말을 알아보고 익혀봅시다.

☑ 오랜만에 만났을 때 인사

好久不见 Hǎojiǔ bújiàn. 오래간만입니다.

☑ 생일 축하 인사

祝你生日快乐 Zhù nǐ shēngrì kuàilè. 생일 축하합니다.

☑ 새해인사

新年快乐 Xīnnián kuàilè. 새해 복 많이 받으세요.

☑ 새로운 사람을 만날 때 인사

认识你很高兴 Rènshi nǐ hěn gāoxìng. 만나게 되어 반갑습니다.

初次见面 Chūcì jiànmiàn. 처음 뵙겠습니다.

请多关照 Qǐng duō guānzhào. 잘 부탁드립니다.

☑ 손님맞이 할 때 인사

欢迎欢迎 Huānyíng huānyíng. 환영합니다.

欢迎光临 Huānyíng guānglín. 어서 오세요.

- 장가계에서 -

核心句 핵심구

1. 您好!
2. 你早!
3. 再见!
4. 老师好!
5. 对不起!
6. 没关系!
7. 同学们好!

02

第二课

你叫什么名字?

Nǐ jiào shénme míngzi?

학습목표

1. 중국어 기초 발음 익히기
2. 이름, 국적 묻는 표현 학습하기

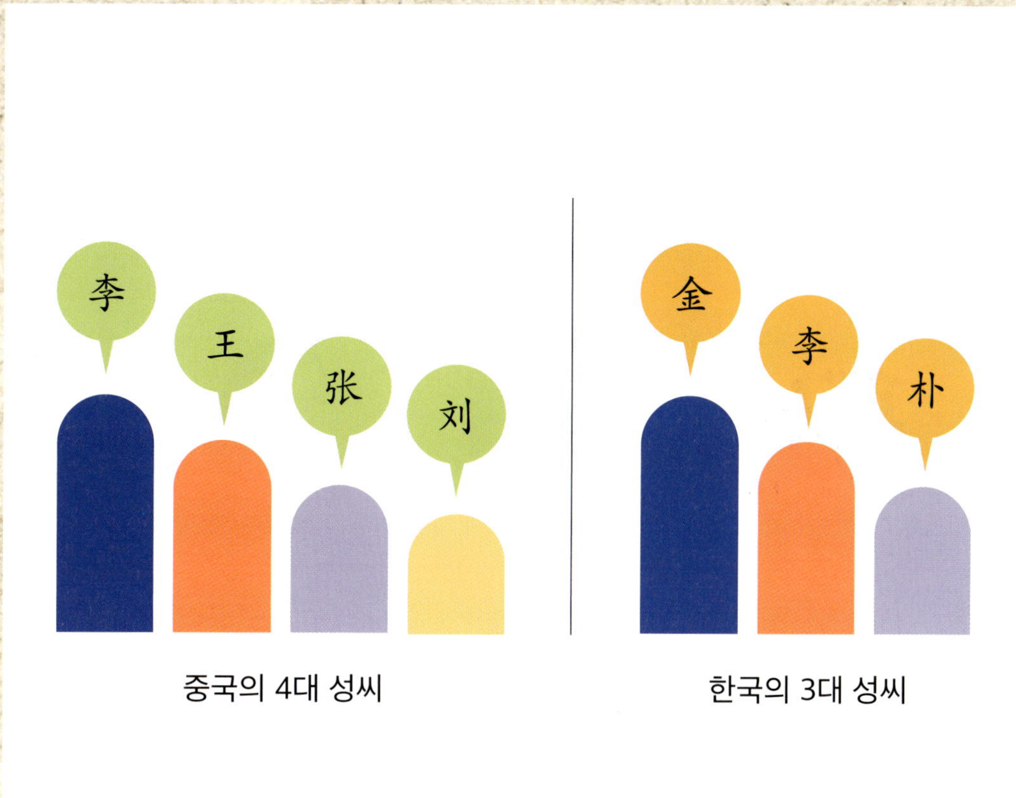

중국의 10대 성씨			한국의 10대 성씨		
李	Lǐ	이씨	金	Jīn	김씨
王	Wáng	왕씨	李	Lǐ	이씨
张	Zhāng	장씨	朴	Piáo	박씨
刘	Liú	유씨	崔	Cuī	최씨
陈	Chén	진씨	鄭	Zhèng	정씨
杨	Yáng	양씨	姜	Jiāng	강씨
黄	Huáng	황씨	趙	Zhào	조씨
赵	Zhào	조씨	尹	Yǐn	윤씨
周	Zhōu	주씨	張	Zhāng	장씨
吴	Wú	오씨	林	Lín	임씨

1. 声母 성모

02-01

g	k	h

gē 歌	kǎ 卡	hē 喝

j	q	x
		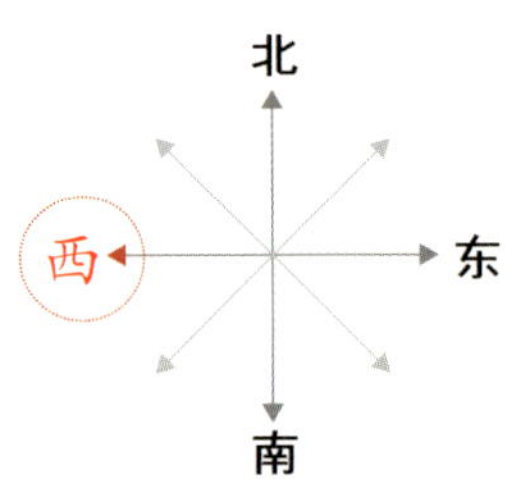
jī 鸡	qī 七	xī 西

2. 韵母组

02-02

韵母				例
ai	lái 来	kāi 开	ài 爱	lái
ei	gěi 给	měi 美	běi 北	měi
ao	hǎo 好	bāo 包	pǎo 跑	pǎo
ou	gòu 购	zhōu 粥	dōu 都	zhōu
ia	jiā 家	xià 夏	jiǎ 假	jiā
ie	xié 鞋	jiě 姐	bié 别	xié
ua	huā 花	shuā 刷	guà 挂	huā
uo	huǒ 火	zhuō 桌	guō 锅	zhuō

3. 轻声 경성 발음

중국어에는 1, 2, 3, 4성 이외에 경성이 있습니다. 경성은 가볍고 짧게 읽으며 성조를 표기하지 않습니다.

02-03

제1성 + 경성

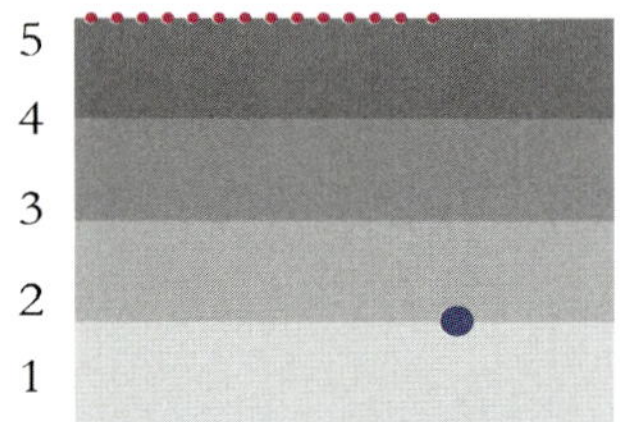

māma
tāmen
gēge

제2성 + 경성

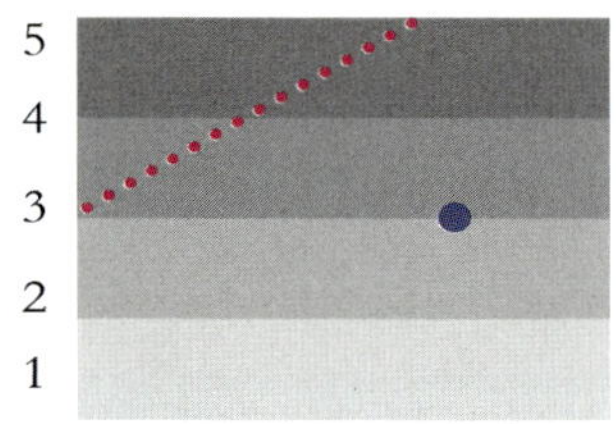

yéye
shénme
péngyou

제3성 + 경성

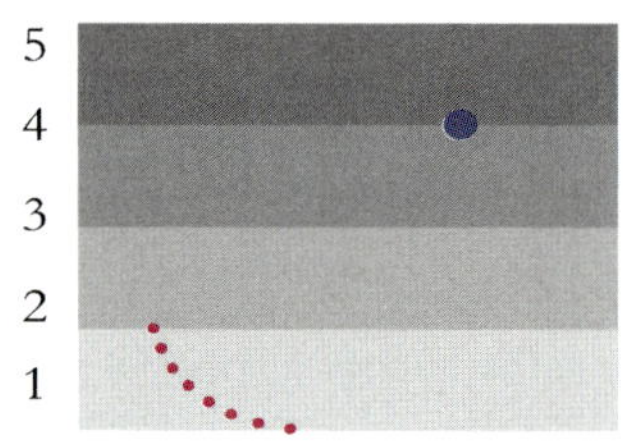

nǎinai
nǐmen
jiějie

제4성 + 경성

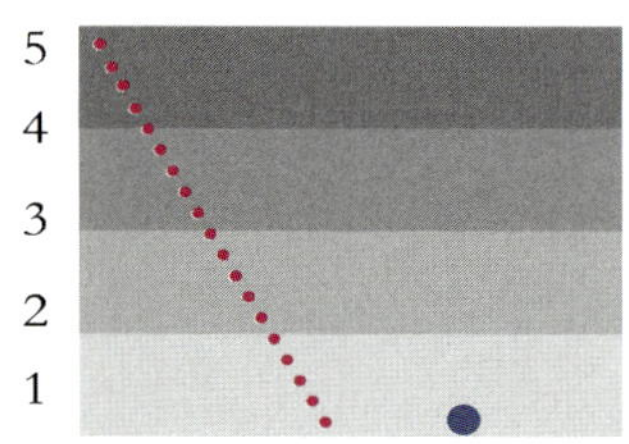

bàba
dìdi
mèimei

会话 회화 1

02-04 회화 1

수현과 赵美가 서로 소개하는 장면

秀贤: 您贵姓？
Nín guìxìng?

赵美: 我姓赵，叫赵美。
Wǒ xìng Zhào, jiào Zhào Měi.

赵美: 你叫什么名字？
Nǐ jiào shénme míngzi?

秀贤: 我叫金秀贤。
Wǒ jiào Jīn Xiùxián.

단어 정리

02-04 회화 1_단어

贵姓	guìxìng		상대방의 성씨를 물을 때 (높여 부를 때 쓰임)
姓	xìng	동사	성이 …이다
叫	jiào	동사	…라고 부르다
什么	shénme	의문사	무엇
名字	míngzi	명사	이름
我	wǒ	인칭대명사	나

核心攻略 핵심 공략

1. 您贵姓?

상대방의 이름을 묻는 정중한 표현입니다. 대답할 때는 성만 말하거나, 성과 이름을 합쳐 말하기도 합니다.

您贵姓?

我姓赵。

비교적 편안한 느낌으로 물을 때는 '你叫什么名字?'라고 합니다.

你叫什么名字?

我叫金秀贤。

중국어 한어병음 규칙

1) 한어병음 쓰기

① 'ü'로 시작되는 운모는 앞에 성모가 없을 경우, 'y'를 앞에 붙이고 'ü'의 두 점은 생략하여 표기한다.
ü → yu　예) yu yue yuan yun

② 'iou', 'uei', 'uen' 앞에 성모가 있으면, 'iu', 'ui', 'un'로 표기한다.
성모+iou, uei, uen → 성모+iu, ui, un　예) niu liu gui hun

③ 'i'로 시작되는 운모는 앞에 성모가 없을 경우, 'i'를 'y'로 표기한다. 'i'만 있을 경우는 'yi'로 표기한다.
i+운모 → y+운모　예) yi ya ye yao yan yin yang

④ 'u'로 시작되는 운모는 성모가 없을 경우, 'u'를 'w'로 표기한다. 'u'만 있을 경우는 'wu'로 표기한다.
u+운모 → w+운모　예) wu wa wo wai wei wan wang weng

⑤ 'ü'와 'n', 'l'이 함께 쓰이면 'ü'의 두 점을 남긴다. 'j', 'q', 'x'와 함께 쓰이면 'u'로 쓰지만, 'ü'로 발음한다.
n, l+ü → nü, lü　j, q, x+ü → ju, qu, xu　예) nü lüe ju quan xue

会话 회화 2

02-05 회화2

赵美, 수현, 习涛가 서로 국적을 소개하며

赵美: 你是哪国人?
Nǐ shì nǎ guó rén?

秀贤: 我是韩国人。
Wǒ shì Hánguórén.

赵美: 你也是韩国人吗?
Nǐ yě shì Hánguórén ma?

习涛: 不是, 我是中国人。
Búshì, wǒ shì Zhōngguórén.

단어 정리

02-05 회화2_단어

哪	nǎ	의문사	어느
国	guó	명사	나라
人	rén	명사	사람
韩国人	Hánguórén	명사	한국인
也	yě	부사	…도
是	shì	동사	…이다. 옳다. 그렇다
吗	ma	의문조사	문장 끝에 쓰여 의문의 어기를 나타냄
中国人	Zhōngguórén	명사	중국인
不	bù	부사	부정표지

核心攻略 핵심 표현

1. 의문사 '哪'

기능 '의문사'는 말하는 이가 듣는 이에게 질문을 하여 그 답을 요구하는 것을 말합니다. '哪'는 둘이나 그보다 더 많은 사항 중에서 하나를 골라서 묻는 의문사로, '어느'라는 뜻을 가지고 있습니다.

구조 '哪'는 관형어 자리에 위치할 수 있고, 질문의 '哪'와 이에 대답하는 어휘가 같은 위치에 옵니다.

주어	술어	관형어+목적어
你	是	哪国人?
我	是	韩国人。

용법 '哪'는 nǎ와 něi의 두 개의 발음이 있습니다. 그러나 주로 nǎ 를 사용합니다.

2. 부정표지 '不'

기능 '不'는 어떤 사실에 대해서 부정을 표시합니다.

구조 (1) '不'는 부사로서, 문장에서 술어 앞의 부사어 위치에 놓입니다.

(2) '不'는 동작을 나타내는 동사, 상태를 나타내는 동사, '是' 동사를 부정할 때 사용합니다. 이때 술어는 주로 현재나 미래에 대한 서술입니다.

주어	부사어	술어	목적어
我		是	韩国人。
我	不	是	韩国人。
我		去	图书馆。
我	不	去	图书馆。

· 去 qù 가다
· 图书馆 túshūguǎn 도서관

용법 (1) 과거에 발생한 행위의 부정은 '不'를 사용하지 않고, '没 méi'를 사용합니다.

(2) 중국어 '不'의 성조는 상황에 따라 달라집니다. 제 4과를 참조하세요.

核心攻略 핵심표현

3. 의문표지 '～吗'

기능 '～吗'는 의문조사로서, 말하는 이가 듣는 이에게 질문을 하여 그 답을 요구하는 문장에 사용됩니다. 주로 짧은 문장의 의문문형에 사용됩니다.

구조 (1) '문장+吗?' 구조를 이룹니다.

(2) 질문에 긍정으로 대답할 때는 '吗'를 빼고 대답하고, 부정할 때는 술어 앞에 '不'를 넣어 표현합니다.

문장				의문표지
주어	부사어	술어	목적어	의문표지
你们	也	是	韩国人	吗?
你		是	中国人	吗?
你		是	韩国人	吗?

你		是	中国人	吗?
我		是	中国人。	
我	不	是	中国人。	

용법 의문을 표현하는 표지는 한 문장에 하나만 사용합니다. 예를 들어, '你是哪国人?'에서'哪'는 의문을 나타내는 의문사이기에, 이 문장에 '吗?'를 첨가하여 '*你是哪国人吗?'처럼 사용할 수 없습니다.

☆ 성조부호 표기

① a>o, e>i, u, ü 의 순서로 모음 위에 표기한다.

② a가 있으면, a 위에 표기. 예) lái, tiān

③ a가 없으면, e나 o 위에 표기. 예) xuě, zǒu

④ -ui -iu의 경우, 뒤쪽의 u나 i 위에 표기. 예) diū, huì

会话 회화 3

02-06 회화3

习涛와 赵美가 친구들을 바라보며

习涛: 她是谁?
Tā shì shéi?

赵美: 她是我姐姐。
Tā shì wǒ jiějie.

习涛: 他们是谁?
Tāmen shì shéi?

赵美: 他们是我朋友。
Tāmen shì wǒ péngyou.

단어 정리

02-06 회화3_단어

她	tā	인칭대명사	그녀
谁	shéi	의문사	누구
姐姐	jiějie	명사	누나, 언니
他们	tāmen	대명사	그들
朋友	péngyou	명사	친구

核心攻略 핵심 표현

1. 의문사 '谁'

기능 '의문사'는 말하는 이가 듣는 이에게 질문을 하여 그 답을 요구하는 것을 말합니다. '谁'는 사람에 대해서 묻는 의문사로, '누구'라는 뜻을 가지고 있습니다.

구조 '谁'는 주어, 목적어 자리에 위치할 수 있고, 질문의 '谁'와 이에 대답하는 어휘가 같은 위치에 옵니다.

주어	술어	목적어
她	是	谁?
她	是	我姐姐。

용법 '谁'는 단수와 복수의 구별이 없이 사용됩니다. 예를 들면, 谁是你姐姐?(누가 당신의 누나/언니입니까?) 라고 질문할 때, 누나/언니는 한 명일 수도 있고, 두 명 이상일 수도 있습니다.

2. 가족에 대한 호칭을 알아봅니다.

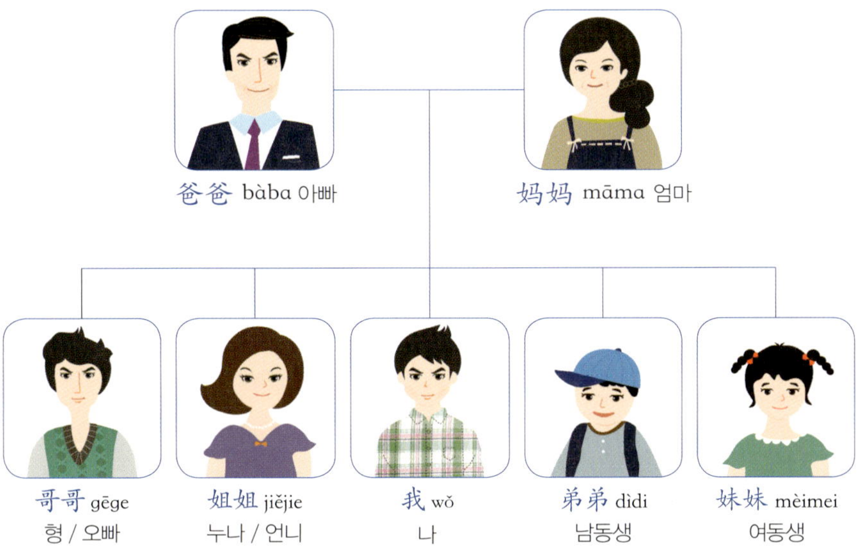

短文 단문

02-07 단문

你們好! 我姓金, 叫金秀賢, 秀是秀麗的秀, 賢是賢人的賢, 我是韓國人。這是我朋友。她叫趙美, 她是中國人。她的專業是對外漢語。

你们好! 我姓金, 叫金秀贤, 秀是秀丽的秀, 贤是贤人的贤, 我是韩国人。这是我朋友。她叫赵美, 她是中国人。她的专业是对外汉语。

간체자 쓰기

단어 정리

02-07 단문_단어

秀丽	xiùlì	형용사	수려하다. 아름답다
贤人	xiánrén	명사	현인. 성품이 좋고 재능과 식견이 있는 사람
的	de	조사	…의
这	zhè	지시대명사	이것 (가까운 것을 가리킴)
专业	zhuānyè	명사	전공
汉语	Hànyǔ	명사	중국어
对外汉语	Duìwài Hànyǔ	명사	외국인을 위한 중국어

课堂活动 교실 활동

방법

1) 중국어로 이름을 묻고, 주위 친구 네 명의 이름을 한자와 한어병음으로 적어 본다.

2) 상대방의 이름으로 문장을 만들어 본다.

您贵姓?

你叫什么名字?

	姓	名字	예) 他(她) 叫 ○ ○ ○。 他(她)的名字是 ○ ○ ○。
同学1			
同学2			
同学3			
同学4			

· 同学 tóngxué 학교 친구, 학우

练习 연습

1. 다음을 읽어보시오.

gē / hè	kě / jiě	xì / qù	xià / qiā
gùkè / kāfēi	huólì / júzi	qìxī / xīguā	hézuò / xiàkè

2. 다음 대화문을 완성하시오.

(1) A: 您贵姓?

B: ________________________________。

(2) A: 你叫什么名字?

B: ________________________________。

(3) A: 你是哪国人?

B: ________________________________。

3. 다음 단어의 한어병음과 뜻을 써 보고 읽어보시오.

	한어병음	뜻
叫		
名字		
中国人		
什么		
韩国		

4. 다음 문장을 한자와 한어병음으로 써 보시오.

(1) 나는 한국인입니다.

한자 ______________________ 한어병음 ______________________

(2) 그는 중국인입니다.

한자 ______________________ 한어병음 ______________________

趣味汉语 재미있는 중국어

丢三落四 diūsān làsì

건망증이 심하다. 흐리멍텅하다.

· 丢 diū 잃다. 잃어버리다. 분실하다
· 落 là 빠뜨리다

文化知识 문화 지식

중국어 존대표현

중국어에도 다양한 인사말이 있습니다. 상황에 따른 인사말을 알아보고 익혀봅시다.

☑ 격식을 차리거나 나이가 많은 분을 뵙고, 이름을 묻거나 인사할 때, 다음과 같은 표현을 씁니다.

您贵姓? Nín guìxìng?
请问, 怎么称呼您? Qǐngwèn, zěnme chēnghu nín?
请问, 您的尊姓大名? Qǐngwèn, nín de zūnxìng dàmíng?

위 표현은 모두 '성함이 어떻게 되세요?' 라는 뜻입니다.

☑ 나이를 물을 때에도 존대표현을 씁니다.

您今年多大年纪? Nín jīnnián duō dà niánjì?

'올해 연세가 어떻게 되세요?' 라는 뜻입니다.

☑ 어린아이에게 나이를 물을 때

'你今年几岁?' Nǐ jīnnián jǐ suì?

☑ 일반적으로 나이를 물을 때

'你今年多大?' Nǐ jīnnián duō dà?

- 돈황에서 -

核心句 핵심구

1. 您贵姓?
2. 你叫什么名字?
3. 你是哪国人?
4. 她是谁?
5. 我是韩国人。

03

第三课

现在几点?

Xiànzài jǐ diǎn?

학습목표

1. 중국어 기초 발음 익히기
2. 나이, 요일 표현 학습하기
3. 시간 표현 학습하기

① 早上 zǎoshang 오전 ② 中午 zhōngwǔ 정오 ③ 晚上 wǎnshang 저녁

④ 大前天 dàqiántiān 그그저께 ⑤ 前天 qiántiān 그저께 ⑥ 昨天 zuótiān 어제

⑦ 明天 míngtiān 내일 ⑧ 今天 jīntiān 오늘 ⑨ 后天 hòutiān 모레

⑩ 大后天 dàhòutiān 글피

1. 声母 성모

03-01

z	c	s

zǒu 走	cù 醋	sì 四

zh	ch	sh	r

zhǐ 纸	chī 吃	shǒu 手	rè 热

2. 韵母 운모

03-02

韵母				
iao	jiào 叫	xiǎo 小	piào 票	xiǎo
iou	niú 牛	jiǔ 九	diū 丢	jiǔ
uai	huài 坏	shuài 帅	kuài 快	shuài
uei	huí 回	shuǐ 水	guì 贵	shuǐ
er	ér 儿	ěr 耳	èr 二	ěr
an	gàn 干	bàn 半	tán 谈	gàn
ang	cháng 长	pàng 胖	bāng 帮	cháng
eng	lěng 冷	dēng 灯	gèng 更	dēng
ong	dōng 东	lóng 龙	hóng 红	dōng

3. 3성 성조 변화

중국어의 3성이 1성, 2성, 4성, 경성 앞에 올 때에는 반3성으로 읽습니다.
반3성은 발음을 낼 때의 앞부분의 내려가는 부분을 발음합니다.

03-03

3성 + 1성

lǎoshī

mǔqīn

yǐjīng

3성 + 2성

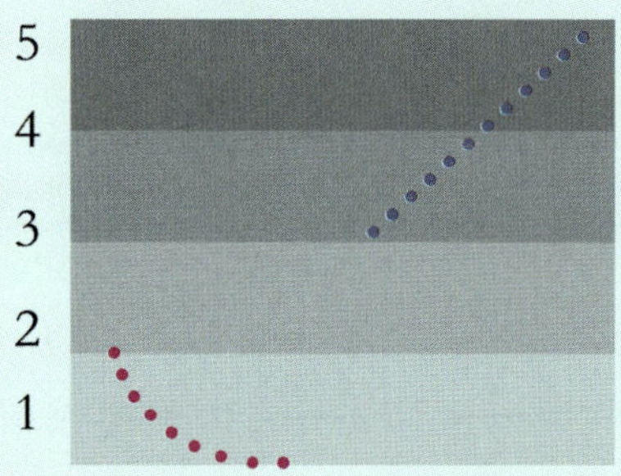

Měiguó

jǐngchá

yǔyán

3성 + 4성

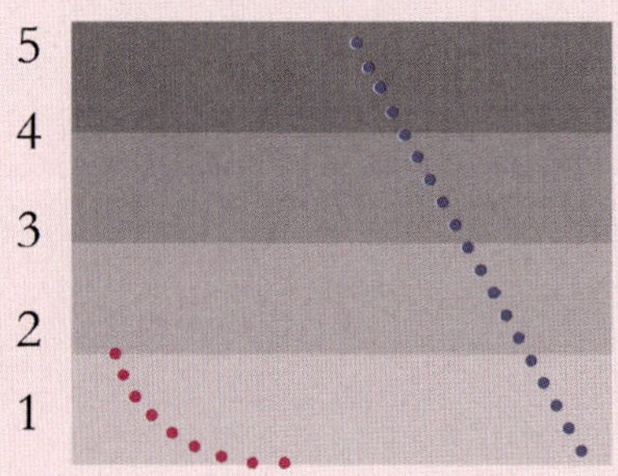

kǎoshì

nǔlì

lǐwù

3성 + 경성

běnzi
jiějie
wǎnshang

3성이 연속해서 올 때는 앞의 3성을 2성으로 읽는다.

3성 + 3성

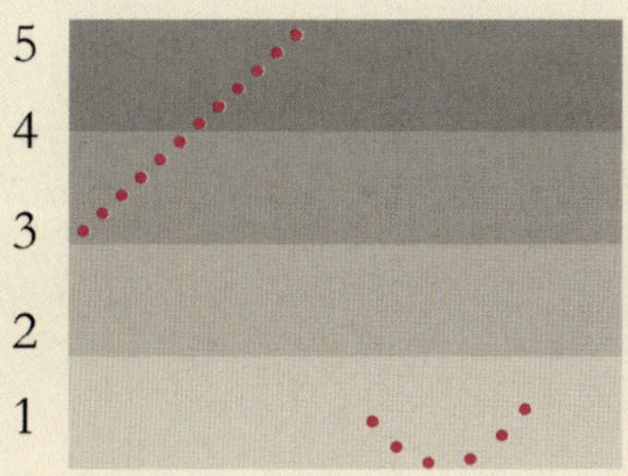

nǐ hǎo
xiǎojiě
biǎoyǎn

따라 읽어보기(논어 명구)

勿施于人 wùshī yúrén 내가 하기 싫은 일은 남에게도 시키지 마라.
当仁不让 dāngrén búràng 정당한 일이라면 절대 양보하지 마라.

会话 회화 1

03-04 회화1

习涛와 수현이 날짜를 물으며

习涛: 今天是几月几号?
Jīntiān shì jǐ yuè jǐ hào?

秀贤: 今天是三月十号。
Jīntiān shì sān yuè shí hào

习涛: 明天是我弟弟的生日。
Míngtiān shì wǒ dìdi de shēngrì.

秀贤: 真的吗? 你弟弟今年多大?
Zhēn de ma? Nǐ dìdi jīnnián duō dà?

习涛: 他今年十六岁。
Tā jīnnián shíliù suì.

단어 정리

03-04 회화1_단어

今天	jīntiān	명사	오늘
几	jǐ	의문사	몇
月	yuè	명사	달
号	hào	명사	일
弟弟	dìdi	명사	동생
的	de	조사	~의(수식표지)
生日	shēngrì	명사	생일
真的	zhēnde	부사	정말로, 진실로
今年	jīnnián	명사	올해, 금년
多大	duōdà		몇 살입니까?
岁	suì	명사	세, 살(나이표현)

核心攻略 핵심 표현

1. 날짜를 묻는 의문사 '几'

기능 (1) '의문사'는 말하는 이가 듣는 이에게 질문을 하여 그 답을 요구하는 것을 말합니다. '几'는 수량을 묻는 의문사로, '몇'이라는 뜻을 가지고 있습니다.

(2) 날짜를 묻는 표현에 사용되며, '~월 ~일'을 '~月~号'로 표현합니다.

구조 '几'는 관형어 자리에 위치하며, 질문의 '几'와 이에 대답하는 어휘가 같은 위치에 옵니다.

주어	술어	관형어 + 목적어
今天	(是)	几月几号?
今天	(是)	三月十号。

용법 (1) '일'을 표현할 때 회화체에서는 '号'를, 문서형식에서는 '日'를 씁니다.

(2) '是'를 생략하여 '今天三月十号。'라고 표현하기도 합니다.

(3) 1에서 10까지의 숫자에 사용된다고 하나, 엄격하게 적용되는 것은 아닙니다.

2. 의문사 '多'

기능 (1) '의문사'는 말하는 이가 듣는 이에게 질문을 하여 그 답을 요구하는 것을 말합니다. '多'는 수량을 묻는 의문사로, '얼마나'라는 뜻을 가지고 있습니다.

구조 (2) '多' 다음에 '大'를 써서 나이를 묻습니다.'多'는 '많다'는 뜻이 있지만, 의문사의 용법으로 부사어로 쓰입니다.

주어	부사어	부사어	술어	목적어
你弟弟	今年	多	大?	
他	今年		(是)	十六岁。

용법 나이를 묻는 표현에는 여러 가지가 있습니다. 어린아이에게 물을 때와 어르신에게 묻거나 혹은, 격식을 갖춰 묻는 표현이 다릅니다. 제2과의 '文化知识' 존대표현에서 설명한 것처럼 다음과 같이 표현합니다.

你今年几岁? Nǐ jīnnián jǐ suì? 어린아이에게 나이를 물을 때
你今年多大? Nǐ jīnnián duō dà? 일반적으로 나이를 물을 때

3. 수식표지 '的'

기능 수식표지 '的'는 앞에 있는 단위가 뒤에 있는 단위를 수식할 때 사용됩니다.

구조 주로 'A+的+B' 구조를 구성하여, 'A의 B' 라는 의미를 가집니다.

수식어(A)	수식표지	피수식어(B)
你	的	生日
我	的	生日

용법 제2과에서 학습하였던 '我姐姐', '我朋友', 제3과에서 학습하였던 '我弟弟', '你弟弟'에도 수식표지 '的'을 사용할 수 있으나, 소유자와 소유물의 관계가 아주 가까운 친척관계일 경우에는 생략이 가능합니다.

会话 회화 2

03-05 회화2

赵美와 수현이 시간에 대해 물으며

赵美: 现在几点?
Xiànzài jǐ diǎn?

秀贤: 现在九点半。
Xiànzài jiǔ diǎn bàn.

赵美: 你几点上课?
Nǐ jǐ diǎn shàngkè?

秀贤: 我下午三点上课。
Wǒ xiàwǔ sān diǎn shàngkè.

단어 정리

03-05 회화2_단어

现在	xiànzài	명사	현재
点	diǎn	양사	시(시간을 세는 단위)
半	bàn	수사	30분
上课	shàngkè	동사	수업하다
下午	xiàwǔ	명사	오후

核心攻略 핵심표현

1. 시간을 묻는 의문사 '几'

기능 (1) '의문사'는 말하는 이가 듣는 이에게 질문을 하여 그 답을 요구하는 것을 말합니다.
'几'는 수량을 묻는 의문사로, '몇'이라는 뜻을 가지고 있습니다.
(2) 시간을 묻는 표현에 사용되며, '~시 ~분'을 '~点~分'로 표현합니다.
'几'는 관형어 자리에 위치하며, 질문의 '几'와 이에 대답하는 어휘가 같은 위치에 옵니다.

주어	술어	관형어 + 목적어(+관형어 + 목적어)
现在	(是)	几点?
现在	(是)	一点十分。 1시 10분 三点半。 3시 30분 七点一刻。 7시 15분 差三分十点。 9시 57분

· 分 fēn 분
· 刻 kè 15분
· 差 chà …전

용법 '是'를 생략하여 '现在一点十分。'이라고 표현하기도 합니다.

따라 읽어보기(표지판)

注意安全，禁止攀爬。
zhùyì ānquán, jìnzhǐ pānpá.

주의안전, 올라가지 마세요.

会话 회화 3

03-06 회화3

SUN	MON	TUE	WED	THU	FRI	SAT
						1
2	3	4	5	6	7	8
9	10	11	12	13	14	15
16	17	18	19	20	21	22
23	24	25	26	27	28	

수현과 赵美가 요일을 물으며

秀贤: 今天是星期几?
Jīntiān shì xīngqījǐ?

赵美: 今天是星期四。
Jīntiān shì xīngqīsì.

秀贤: 后天是几号?
Hòutiān shì jǐ hào?

赵美: 后天是五月一号。
Hòutiān shì wǔ yuè yī hào.

단어 정리

03-06 회화3_단어

星期	xīngqī	명사	요일
星期四	xīngqīsì	명사	목요일
后天	hòutiān	명사	모레

核心攻略 핵심 표현

1. 요일을 묻는 의문사 '几'

기능 (1) '의문사'는 말하는 이가 듣는 이에게 질문을 하여 그 답을 요구하는 것을 말합니다.
'几'는 수량을 묻는 의문사로, '몇'이라는 뜻을 가지고 있습니다.
(2) 요일을 묻는 표현에 사용되며, '~요일'을 '星期~'로 표현합니다.

구조 '星期' 다음에 '几'를 써서 묻고, '星期' 다음에 숫자를 넣어 표현합니다. 숫자는 1부터 6까지를 넣어 표현하고, 일요일은 '天'이나 '日'를 써서 표현합니다. 질문의 '几'와 이에 대답하는 숫자가 같은 위치에 옵니다.

주어	술어	목적어
今天	(是)	星期几?
今天	(是)	星期三。 수요일 星期五。 금요일 星期天(日)。 일요일

용법 '是'를 생략하여 '今天星期几?'라고 표현하기도 합니다.

2. 요일

월요일	화요일	수요일	목요일	금요일	토요일	일요일
星期一 (礼拜一)	星期二	星期三	星期四	星期五	星期六	星期天(日) 礼拜天(日)
xīngqīyī (lǐbàiyī)	xīngqī'èr	xīngqīsān	xīngqīsì	xīngqīwǔ	xīngqīliù	xīngqītiān(rì) (lǐbàitiān(rì))

短文 단문

03-07 단문

今天是四月二十九號。我早上七點起床，九點開始上課，中午十二點吃午飯，晚上六點我和朋友們一起看電影，十一點睡覺。

今天是四月二十九号。我早上七点起床，九点开始上课，中午十二点吃午饭，晚上六点我和朋友们一起看电影，十一点睡觉。

간체자 쓰기

단어 정리

03-07 단문_단어

早上	zǎoshang	명사	오전
起床	qǐchuáng	동사	기상하다, 일어나다
开始	kāishǐ	동사	시작하다
吃	chī	동사	먹다
午饭	wǔfàn	명사	점심밥
和	hé	접속사	…와(과)
晚上	wǎnshang	명사	저녁
一起	yìqǐ	부사	함께, 같이
看	kàn	동사	보다
电影	diànyǐng	명사	영화
睡觉	shuìjiào	동사	자다

课堂活动 교실 활동

방법

1) 아래의 단어를 활용하여, 일과표에 자신의 일정을 표시하고 설명해본다.
2) 2인1조로 팀을 이루어 상대방의 일과를 물어본다.

起床
上课
睡觉

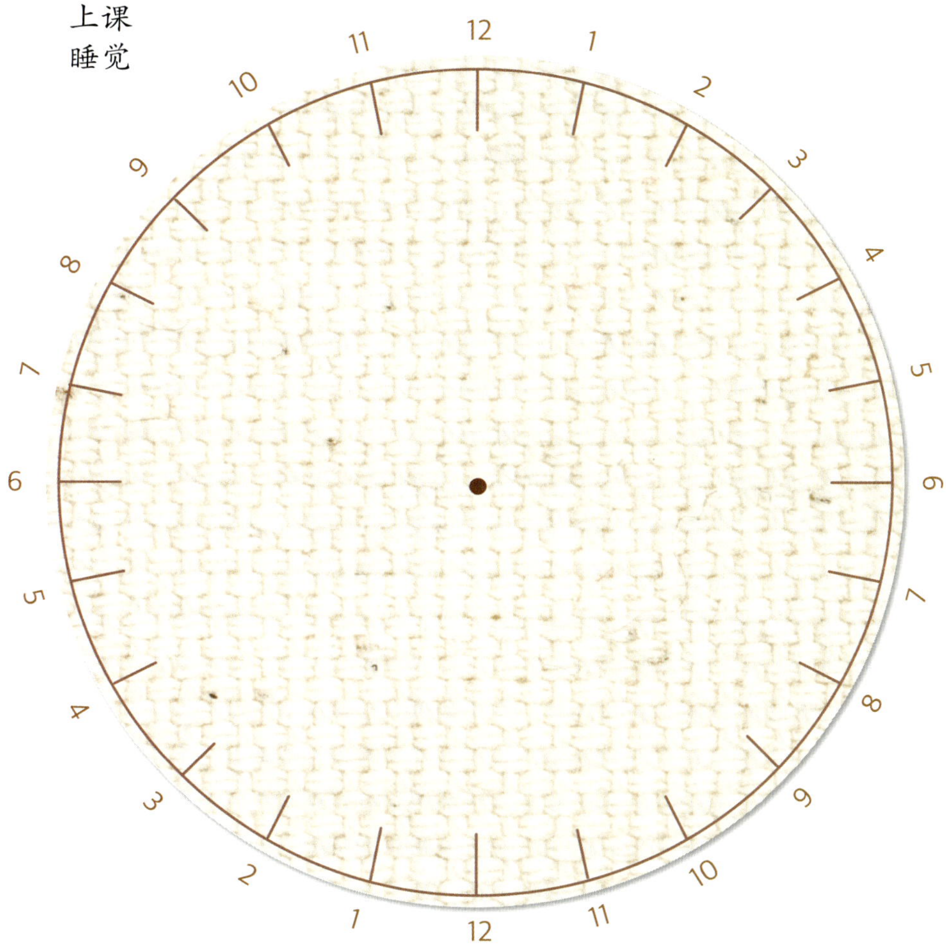

· 吃饭	chīfàn	밥을 먹다	· 做作业	zuò zuòyè	숙제하다
· 上网	shàngwǎng	인터넷하다	· 下课	xiàkè	수업이 끝나다
· 看电视	kàn diànshì	TV를 보다			

练习 연습

1. 다음을 읽어보시오.

zǒu / sǒu	sì / zǐ	cù / cī	zhǐ / zǐ
mǔqīn / yǐjīng	jiějie / wǎnshang	xiǎojiě / biǎoyǎn	dōng / lóng

2. 다음 대화문을 실제상황으로 완성하시오.

(1) A: 今天是几月几号?

B: ________________________。

(2) A: 你的生日是几月几号?

B: ________________________。

(3) A: 今天是星期几?

B: ________________________。

(4) A: 你今年多大?

B: ________________________。

(5) A: 现在几点?

B: ________________________。

3. 다음 단어의 한어병음과 뜻을 써 보고 읽어보시오.

生日 ____________ 星期 ____________

现在 ____________ 后天 ____________

4. 다음 문장을 한자로 쓰고, 한국어로 번역하시오.

(1) Jīntiān shì sān yuè shí hào.

한자 ____________ 한국어 ____________

(2) Jīntiān xīngqīsì.

한자 ____________ 한국어 ____________

(3) Xiànzài jiǔ diǎn bàn.

한자 ____________ 한국어 ____________

趣味汉语 재미있는 중국어

一寸光阴一寸金 yícùn guāngyīn yícùn jīn

시간은 금이다.

· 一寸 yícùn 일촌, 짧은 시간
· 光阴 guāngyīn 시간, 세월
· 金 jīn 금

文化知识 문화 지식

중국의 명절과 공휴일

중국의 명절과 공휴일을 알아봅시다.

1. 명절

☑ **음력 1월1일** : 중국 최대의 명절로 우리나라의 음력설입니다.

春节 Chūnjié

☑ **음력 1월 15일** : 우리나라의 정월대보름입니다.

元宵节 Yuánxiāojié

☑ **양력 4월 5일** : 24절기의 하나인 청명절로 조상의 묘를 찾아 벌초나 성묘를 합니다.

清明节 Qīngmíngjié

☑ **음력 8월 15일** : 우리나라의 추석으로, 가족들과 함께 월병을 나누어 먹습니다.

中秋节 Zhōngqiūjié

2. 명절 이외의 공휴일을 알아봅시다.

☑ **3월 8일** :'세계여성의 날'로 여성은 오전에만 근무합니다.

妇女节 Fùnǚjié

☑ **5월 1일** : '세계 노동절'의 날(근로자의 날)로 '五一节'라고도 합니다.
법정휴일은 3일이지만 5일에서 7일 정도 쉽니다.

劳动节 Láodòngjié

☑ **6월 1일** : '세계 아동의 날'입니다.

儿童节 Értóngjié

☑ **9월 10일** : 우리나라의 '스승의 날'에 해당합니다.

教师节 Jiàoshījié

☑ **10월 1일** : 1949년 신중국 건국 기념일로, 법정휴일은 3일이지만 5일에서 7일 정도 쉽니다.

国庆节 Guóqìngjié

核心句 핵심구

1. 今天是几月几号?
2. 现在几点?
3. 今天是星期几?
4. 今天是星期四。
5. 你今年多大?
6. 你几点上课?

04
第四课

你下午做什么?
Nǐ xiàwǔ zuò shénme?

학습목표

1. 중국어 기초 발음 익히기
2. '不' 성조변화 익히기
3. 시간 부사어의 일상 표현 학습하기

① 游泳 yóuyǒng 수영하다

② 网球 wǎngqiú 테니스

③ 篮球 lánqiú 농구

④ 足球 zúqiú 축구

⑤ 爬山 páshān 등산하다

⑥ 跳舞 tiàowǔ 춤을 추다

⑦ 唱歌 chànggē 노래하다

⑧ 跑步 pǎobù 뛰다

⑨ 打网球 dǎ wǎngqiú 테니스를 하다

⑩ 踢足球 tī zúqiú 축구를 하다

1. 韵母 읽

04-01

韵母					
in	nín 您	qīn 亲	mín 民	yín 银	mín
ing	míng 名	qīng 青	yíng 赢	xīng 星	xīng
ian	jiàn 见	nián 年	tián 甜	qián 钱	jiàn
iong	qióng 穷	xiōng 兄	yòng 用	jiǒng 囧	xiōng
uan	nuǎn 暖	luàn 乱	wǎn 晚	suān 酸	nuǎn
uen	gǔn 滚	chún 唇	hūn 婚	tūn 吞	hūn
uang	wàng 忘	kuáng 狂	chuáng 床	shuāng 双	chuáng
ueng	wēng 翁				wēng
ün	yún 云	xún 寻	jūn 军	yùn 孕	yún
üan	quán 泉	xuǎn 选	yuán 元	quān 圈	quán
üe	jué 决	yuè 月	què 却	quē 缺	yuè

2. 不의 성조변화

중국어 不의 성조는 상황에 따라 달라집니다. 不가 단독으로 쓰이거나, 1성, 2성, 3성이 앞에 올 때에는 4성(bù)으로 읽고, 4성 앞에 올 때에는 2성(bú)으로 읽습니다.

04-02

不 + 1성	bùchī	不吃
	bùtīng	不听
	bùhē	不喝
	bùshuō	不说
不 + 2성	bùxué	不学
	bùcháng	不常
	bùnán	不难
	bùxíng	不行
不 + 3성	bùhǎo	不好
	bùkǎo	不考
	bùzhǎo	不找
	bùdǒng	不懂
不 + 4성	búqù	不去
	búkàn	不看
	búshì	不是
	búyào	不要

会话 회화 1

04-03 회화1

현빈과 习涛, 그리고 赵美가 찻집에서 차를 마시며

玄彬: 你喝咖啡吗?
Nǐ hē kāfēi ma?

习涛: 我不喝咖啡, 我喝茶。
Wǒ bù hē kāfēi, wǒ hē chá.

赵美: 我学英语。你学什么?
Wǒ xué Yīngyǔ. Nǐ xué shénme?

玄彬: 我学汉语。
Wǒ xué Hànyǔ.

단어 정리

04-03 회화1_단어

喝	hē	동사	마시다
咖啡	kāfēi	명사	커피
茶	chá	명사	차
学	xué	동사	배우다, 학습하다
英语	Yīngyǔ	명사	영어
汉语	Hànyǔ	명사	중국어

核心攻略 핵심 표현

1. '주어+술어+목적어' 어순

구조 현대중국어의 어순은 '주어+술어+목적어'로 이루어졌습니다. 반면에, 한국어는 '주어+목적어+술어'로 구성되어 있습니다.

주어	술어	목적어
我	喝	咖啡。
나는	마신다	커피를

我	学	汉语。
나는	배운다	중국어를

我	喝	茶。
나는	마신다	차를

용법 현대중국어의 어순은 '주어+술어+목적어'이며, 한국어 어순은 '주어+목적어+술어'로 구성되어, 두 언어가 상당히 다른 구조를 가지고 있는 듯이 보이지만, 상당히 많은 문법 요소가 두 언어 사이에 비슷한 기능을 하고 있습니다.

관형어	주어	부사어	술어	목적어
我	妹妹	每天	喝	咖啡。
내	여동생은	매일	마신다	커피를

妹妹的	朋友	常常	去	图书馆。
여동생의	친구는	자주	간다	도서관에

· 妹妹 mèimei 여동생
· 每天 měitiān 매일
· 常常 chángcháng 항상

会话 회화 2

04-04 회화2

赵美와 현빈이 교실에서 이야기하며

赵美: 今天有课吗?
Jīntiān yǒu kè ma?

玄彬: 今天上午有课。
Jīntiān shàngwǔ yǒu kè.

赵美: 你下午做什么?
Nǐ xiàwǔ zuò shénme?

玄彬: 我下午做作业。
Wǒ xiàwǔ zuò zuòyè.

단어 정리

04-04 회화2_단어

有	yǒu	동사	있다
课	kè	명사	수업
做	zuò	동사	하다
作业	zuòyè	명사	과제, 숙제

核心攻略 핵심 표현

1. 의문사 '什么'

기능 '의문사'는 말하는 이가 듣는 이에게 질문을 하여 그 답을 요구하는 것을 말합니다. '什么'는 사물, 행위에 관련된 특정 사항의 구체적인 내용을 묻는 의문사로, '무엇'이라는 뜻을 가지고 있습니다.

구조 '什么'는 주어, 목적어, 관형어 자리에 위치할 수 있고, 질문의 '什么'와 이에 대답하는 어휘가 같은 위치에 옵니다.

주어	술어	목적어
你	学	什么?
我	学	汉语。

你	喝	什么?
我	喝	咖啡。

용법 '什么'는 단수와 복수의 구별이 없이 사용됩니다. 아래 질문에서 컵은 한 개 일수도 있고, 여러 개 일수도 있습니다.

A: 这是什么? 이것은 무엇입니까?

B: 这是杯子。 이것은 컵이다.

· 杯子 bēizi 컵

2. 존재 '有'

기능 '有'는 존재와 소유의 의미를 가지고 있습니다. 존재의 의미를 나타내는 '有'는 어떤 시간에 존재의 주체가 존재한다 혹은 존재하지 않는다의 의미를 표현합니다.

구조 (1) '시간명사+有+목적어'의 구조를 구성합니다.

시간명사	술어	목적어
今天	有	课。

(2) 의문문형을 만들 때는 문장 끝에 의문표지 '吗'를 첨가하면 됩니다.

시간명사	술어	목적어	의문표지
今天	有	课。	
今天	有	课	吗?

용법 '我有一个弟弟。'(나는 동생 한명이 있다)의 '有'는 소유의 의미를 나타냅니다.

· 个 gè 명(사람을 세는 단위)

会话 회화 3

04-05 회화3

수현과 赵美가 수업을 마치고 교실에서 나오며

秀贤: 周末你做什么?
Zhōumò nǐ zuò shénme?

赵美: 周末我和朋友一起去看电影。
Zhōumò wǒ hé péngyou yìqǐ qù kàn diànyǐng.

秀贤: 你看什么电影?
Nǐ kàn shénme diànyǐng?

赵美: 我看“霸王别姬”。
Wǒ kàn bàwángbiéjī.

단어 정리

04-05 회화3_단어

周末	zhōumò	명사	주말
和	hé	접속사	…와(과)
一起	yìqǐ	부사	함께. 같이
去	qù	동사	가다
看	kàn	동사	보다
电影	diànyǐng	명사	영화
霸王别姬	bàwáng biéjī		패왕별희 (영화제목)

核心攻略 핵심 표현

1. 시간을 나타내는 어휘의 위치

구조 시간을 나타내는 명사는 부사어로 사용되며, 주어 앞에 위치할 수도 있고, 주어 다음에 위치할 수도 있습니다.

부사어	주어	부사어	술어	목적어
周末	你		做	什么?
	你	周末	做	什么?

부사어	주어	부사어	술어	목적어
下午	你		做	什么?
	你	下午	做	什么?

용법 중국어의 시간 표현은 큰 시간에서 작은 시간의 순서대로 배치됩니다. 따라서 작은 시간 표현이 큰 시간 표현의 앞에 위치하면 틀린 문장이 됩니다.

明天早上你做什么?
*早上明天你做什么?

2. 함께 무엇을 하다 'A和 B一起'

기능 'A和B一起' 구문은 'A와 B가 함께 무엇을 하다'를 표현할 때 사용합니다.

구조 'A和B一起'는 접속사 '和'로 A와 B가 주어로 연결되고, 부사 '一起'를 함께 사용합니다.

주어			부사어	술어	목적어
명사	접속사	명사			
我	和	同学	一起	喝	咖啡。

我		同学		喝茶。
妹妹	和	弟弟	一起	做作业。
爸爸		妈妈		看电影。

短文 단문

04-06 단문

我學漢語, 漢語不太難。每天下午我和朋友一起做作業, 我們寫漢字, 讀課文。我常看中國電影, 喜歡聽中國歌。"甜蜜蜜"是我最喜歡的中國歌。

我学汉语, 汉语不太难。每天下午我和朋友一起做作业, 我们写汉字, 读课文。我常看中国电影, 喜欢听中国歌。"甜蜜蜜"是我最喜欢的中国歌。

간체자 쓰기

· 甜蜜蜜 tiánmìmì 중국 가요이름

단어 정리

04-06 단문_단어

不太	bú tài		별로, 그다지 …하지 않다
难	nán	형용사	어렵다
每天	měitiān	명사	매일 날마다
写	xiě	동사	쓰다
汉字	Hànzì	명사	한자
读	dú	동사	읽다
课文	kèwén	명사	(교재의) 본문
常	cháng	부사	자주
听	tīng	동사	듣다
歌	gē	명사	노래
最	zuì	부사	가장
喜欢	xǐhuan	동사	좋아하다

课堂活动 교실 활동

방법

1) 아래 도표의 단어들을 활용하여 1+2+3 형식으로 문장을 만들고 읽어 보시오.

예 周末姐姐爬山。

1	2	3
上午	我	喝咖啡
中午	他	喝茶
下午	我朋友	学英语
周末	妈妈	看电影
今天	弟弟	有课
早上	妹妹	做作业
晚上	姐姐	学汉语

(1) ______________________________ 。

(2) ______________________________ 。

(3) ______________________________ 。

练习 연습

1. 다음의 빈칸을 채워 넣으시오.

한자	한어병음	의미
	kāfēi	
茶		
汉语		
	xiàwǔ	
		영화
一起		
课		
	Yīngyǔ	
	zhōumò	
看		

2. 보기에서 알맞은 단어를 골라 빈칸을 채우시오.

보기 下午 什么 有 一起

(1) 你学_______?

(2) 今天上午_______课。

(3) 周末我和朋友_______去看电影。

(4) _______ 你做什么?

3. 다음 대화문을 완성하시오.

(1) A: 你喝咖啡吗?

B: ________________。

(2) A: 你学什么?

B: ________________。

(3) A: 你周末做什么?

B: ________________。

(4) A: 你看什么电影?

B: ________________。

趣味汉语 재미있는 중국어

喝西北风 hē xīběifēng

하는 일이 없다. 생계를 유지 할 수 없다.

· 西北 xīběi 서북(방위)
· 风 fēng 바람

文化知识 문화 지식

중국의 대중가요 甜蜜蜜

'甜蜜蜜'는 대만출신 가수 邓丽君 Dèng Lìjūn이 부른 노래이기도 하고, 영화제목이기도 합니다. 邓丽君은 70년대에서 90년대까지 중국, 홍콩, 대만, 일본 등지에서 활약한 가수로 연령층에 관계없이 사랑을 받은 가수입니다. 그녀의 노래는 애절하고 평이해서 쉽게 따라 부를 수 있어, 젊은 가수들도 리메이크 하고, 영화의 삽입곡으로 자주 쓰이며, 지금도 세계 각 나라의 사랑을 받고 있습니다.

甜蜜蜜你笑得甜蜜蜜
tiánmìmì nǐ xiào de tiánmìmì

好像花儿开在春风里
hǎoxiàng huār kāi zài chūnfēng lǐ

开在春风里
kāi zài chūnfēng lǐ

在哪里在哪里见过你
zài nǎlǐ zài nǎlǐ jiànguo nǐ

你的笑容这样熟悉
nǐ de xiàoróng zhèyàng shúxī

我一时想不起
wǒ yìshí xiǎngbuqǐ

啊 … 在梦里
a … zài mèng lǐ

梦里梦里见过你
mèng lǐ mèng lǐ jiànguo nǐ

甜蜜笑得多甜蜜
tiánmì xiào de duō tiánmì

是你 是你 梦见的就是你
shì nǐ shì nǐ mèngjiàn de jiùshì nǐ

在哪里在哪里见过你
zài nǎlǐ zài nǎlǐ jiànguo nǐ

你的笑容这样熟悉
nǐ de xiàoróng zhèyàng shúxī

我一时想不起
wǒ yìshí xiǎngbuqǐ

啊 … 在梦里
a … zài mèng lǐ

- 안휘성에서 -

核心句 핵심구

1. 你喝咖啡吗?
2. 你学什么?
3. 今天有课吗?
4. 今天上午有课。
5. 周末你做什么?
6. 你看什么电影?

05

第五课

看房子。

Kàn fángzi.

학습목표

1.'一'의 성조 변화 익히기

2. 장소와 위치 표현 익히기

① 主楼 zhǔlóu 본관

② 办公楼 bàngōnglóu 사무실 빌딩(행정동)

③ 图书馆 túshūguǎn 도서관

④ 宿舍 sùshè 기숙사

⑤ 第一食堂 dìyī shítáng 제1식당

⑥ 学院路 xuéyuànlù 학원로

⑦ 东门 dōngmén 동문

⑧ 出版社 chūbǎnshè 출판사

⑨ 运动场 yùndòngchǎng 운동장

⑩ 十字路口 shízì lùkǒu 사거리

⑪ 会议中心 huìyì zhōngxīn 컨벤션센터

⑫ 停车场 tíngchēchǎng 주차장

1. '一'의 성조 변화

중국어 '一'의 원래 성조는 1성으로 단독으로 쓰이거나, 서수일 때 원래의 성조로 읽는다. '一'가 1성, 2성, 3성 앞에 오면 4성(yì)으로 읽고, '一'이 4성 앞에 오면 2성(yí)으로 읽는다.

05-01

- 단독으로 사용하거나 서수일 때 1성으로 발음

一 (yī)	yī	一
	shíyī	十一
	dìyī	第一

- 1성, 2성, 3성 앞에 오면 4성(yì)으로 읽고, '一'이 4성 앞에 오면 2성(yì)으로 발음

一 (yì) + 1성	yìzhāng	一张
	yìjīn	一斤
	yìtiān	一天
一 (yì) + 2성	yìzhí	一直
	yìqí	一齐
	yìtóng	一同
一 (yì) + 3성	yìqǐ	一起
	yìzhǒng	一种
	yìdiǎn	一点
一 (yí) + 4성	yíkuài	一块
	yíkè	一刻
	yídìng	一定

会话 회화 1

05-02 회화1

赵美와 현빈이 길에서 대화를 하며...

赵美: 玄彬，你去哪儿？
Xuánbīn, nǐ qù nǎr?

玄彬: 我去看房子，你呢？
Wǒ qù kàn fángzi, nǐ ne?

赵美: 我去图书馆看书。你怎么去？
Wǒ qù túshūguǎn kàn shū. Nǐ zěnme qù?

玄彬: 我坐公共汽车去。
Wǒ zuò gōnggòng qìchē qù.

단어 정리

05-02 회화1_단어

哪儿	nǎr	의문대명사	어디
看房子	kàn fángzi		집을 구하다
呢	ne	어기조사	문장의 끝에 쓰여 화자의 느낌을 전한다
图书馆	túshūguǎn	명사	도서관
书	shū	명사	책
怎么	zěnme	의문사	어떻게
坐	zuò	동사	(교통 도구를) 타다
公共汽车	gōnggòng qìchē	명사	버스

核心攻略 핵심 표현

1. 의문사 '哪儿'

기능 '의문사'는 말하는 이가 듣는 이에게 질문을 하여 그 답을 요구하는 것을 말합니다.
'哪儿'는 일반적으로 장소, 위치를 묻는 의문사로, '어디'라는 뜻을 가지고 있습니다.

구조 '哪儿'는 목적어, 부사어, 관형어 자리에 위치할 수 있고, 질문의 '哪儿'과 이에 대답하는 어휘가 같은 위치에 옵니다.

주어	술어	목적어
你	去	哪儿?
我	去	图书馆。

2. 의문사 '怎么'

기능 '의문사'는 말하는 이가 듣는 이에게 질문을 하여 그 답을 요구하는 것을 말합니다.
'怎么'는 동작의 방법에 대해서 묻는 의문사로, '어떻게'라는 뜻을 가지고 있습니다.

구조 '怎么'는 부사어 자리에 위치할 수 있고, 뒤에 '술어' 가 옵니다.

怎么 + 술어

주어	부사어	술어
你	怎么	去?

玄彬，怎么去上海?
Xuánbīn, zěnme qù Shànghǎi?
현빈, 어떻게 상해에 갑니까?

这个汉字怎么念?
Zhège Hànzì zěnme niàn?
이 한자는 어떻게 읽습니까?

核心攻略 핵심 표현

你		去?
这个	怎么	吃?
这个字		念?

- 上海 Shànghǎi 상하이(상해)
- 念 niàn 읽다

용법 怎么와 什么의 차이

什么는 아직 못 보아서, 혹은 아직 듣지 못해서, 혹은 아직 정확히 이해하지 못한 상태에서 질문을 하는 형태로 상대방에게 진일보한 해석을 희망하는 질문입니다. 따라서 什么에는 의아함이나 놀램의 의미가 함축되어 있지 않습니다. 그러나 怎么는 이미 들었거나 상대방의 말을 이미 이해했으나, 상대방의 함축된 의미를 파악하지 못했을 경우로, 상대방에게 놀랍고 의외라는 의미를 표시하게 됩니다.

3. 연동문

기능 술어가 두 개 혹은 두 개 이상의 동사로 이루어져, 선후 또는 연속적으로 발생한 두 개의 동작을 표현합니다.

구조 두 개의 술어가 하나의 주어를 공유합니다.

주어	술어1	목적어	술어2	목적어
我	去	( )	看	房子。

용법 연동문에 사용된 두 개의 동사술어는 동작의 순서에 따라, 문장의 앞과 뒤에 배치됩니다. 목적어가 생략될 수도 있습니다.

会话 회화 2

北京地铁线路图

05-03 회화2

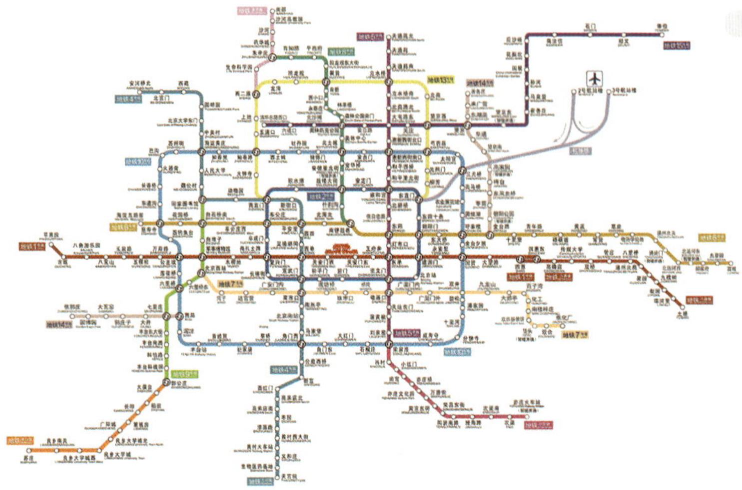

현빈과 赵美가 전화로 이야기하며...

赵美: 喂，玄彬！你在哪儿？
Wéi, Xuánbīn! Nǐ zài nǎr?

玄彬: 我在外边看房子。
Wǒ zài wàibiān kàn fángzi.

赵美: 你在学校附近看房子吗？
Nǐ zài xuéxiào fùjìn kàn fángzi ma?

玄彬: 是，我在中关村这边。
Shì, wǒ zài Zhōngguāncūn zhèbiān.

赵美: 从那儿怎么来学校？
Cóng nàr zěnme lái xuéxiào?

玄彬: 骑自行车回去。
Qí zìxíngchē huíqù.

단어 정리

05-03 회화2_단어

喂	wéi	감탄사	(전화상에서) 여보세요	这边	zhèbiān	명사	이곳, 이쪽, 여기
在	zài	동사	(사람이나 사물이) …에 있다	从	cóng	전치사	…부터, …을 기점으로
在	zài	전치사	…에	那儿	nàr	대명사	그곳, 저기, 거기
外边	wàibiān	명사	밖	来	lái	동사	오다
学校	xuéxiào	명사	학교	骑	qí	동사	(자전거 등에) 타다
附近	fùjìn	명사	근처	自行车	zìxíngchē	명사	자전거
中关村	Zhōngguāncūn	명사	지명, 중관촌 전자거리	回去	huíqù	동사	되돌아가다

核心攻略 핵심 표현

1. 존재 '在'

기능 '존재하다'의 의미를 나타내는 동사의 용법입니다.

구조 '동사로서 문장에서 술어의 역할을 담당합니다. 이때의 '在'는 자동사로 사용됩니다.

주어	술어	의문표지
玄彬	在	吗?

용법 전치사 용법의 '在'와 기능과 의미가 다릅니다.

2. 장소와 함께 사용하는 '在'

기능 장소를 나타내는 단어와 함께 사용하며, '…에서'라는 뜻을 가지고 있습니다.

구조 '在+명사구' 구조를 구성하며, 문장에서 부사어에 자리에 위치할 수 있습니다.

在 + 장소명사구 + 술어

주어	부사어		술어	목적어
	전치사	장소명사구		
我	在	学校附近	看	房子。

我在外边看房子。
Wǒ zài wàibiān kàn fángzi。
저는 밖에서 집을 보고 있습니다.

你在学校附近看房子吗?
Nǐ zài xuéxiào fùjìn kàn fángzi ma?
당신은 학교 근처에서 집을 보고 있습니까?

他		图书馆看书。
玄彬	在	外边看房子。
我		食堂吃饭。

· 食堂 shítáng 식당
· 吃饭 chīfàn 밥을 먹다

용법 (1) '在'는 동사의 용법 '있다'의 의미도 있습니다. 문장에서 '在' 이외의 다른 술어가 없으면, 동사로서 술어 역할을 담당하게 되고, 문장에서 '在' 이외의 다른 술어가 있다면 전치사 용법의 '在'일 경우가 높습니다.

주어	부사어	술어	목적어	의문표지
玄彬		在		吗?
我	在学校附近	看	房子。	

(2) '在+명사구'는 술어 앞에 위치하며, 이를 어기면 '*我看房子在外边。' 틀린 문장이 됩니다.

会话 회화 3

현빈이 집주인과 방을 둘러보며

05-04 회화3

房东: 请进, 随便看。
Qǐngjìn, suíbiàn kàn.

玄彬: 卧室朝南吗?
Wòshì cháonán ma?

房东: 是啊! 房间很大, 有床、空调、电视、桌子和衣柜。
Shì a! Fángjiān hěn dà, yǒu chuáng、kōngtiáo、diànshì、zhuōzi hé yīguì.

玄彬: 有没有冰箱?
Yǒuméiyǒu bīngxiāng?

房东: 冰箱在那儿。那边可以做饭。
Bīngxiāng zài nàr. Nàbiān kěyǐ zuòfàn.

단어 정리

请进	qǐngjìn		들어오세요
随便	suíbiàn	부사	마음대로
卧室	wòshì	명사	침실
朝	cháo	동사	향하다
南	nán	명사	남쪽
房间	fángjiān	명사	방
很	hěn	부사	매우
大	dà	형용사	크다
床	chuáng	명사	침대
空调	kōngtiáo	명사	에어컨
电视	diànshì	명사	텔레비전
桌子	zhuōzi	명사	탁자
衣柜	yīguì	명사	옷장
冰箱	bīngxiāng	명사	냉장고
那边	nàbiān	대명사	저 쪽
可以	kěyǐ	조동사	…할 수 있다
做饭	zuòfàn	동사	밥을 하다
啊	a	어기조사	문장 끝에 쓰여 긍정을 나타냄
没有	méiyǒu	동사	없다. 가지고 있지 않다

- 주택거리 -

核心攻略 핵심 표현

1. 请进!

'请'은 상대방에게 정중하게 부탁이나 요청할 때 쓰는 표현입니다. 우리말의 '… 하십시오. … 해주시오.'에 해당하며, 영어의 'Please …'와 같습니다.

请 + 동사

请说。 Qǐng shuō.	말씀하십시오.
请坐。 Qǐng zuò.	앉으시오.
请看。 Qǐng kàn.	보십시오.

2. 부사 '很'

기능 부사 '很'는 상태를 나타내는 술어를 수식하며, 정도를 강조하여, 매우 혹은 아주의 뜻을 나타냅니다.

구조 부사 '很'는 문장에서 부사어 역할을 담당하고, 술어 앞에 옵니다.

주어	부사어	술어
房间	很	大。

我很好。 Wǒ hěn hǎo.	나는 매우 좋습니다.
他很忙。 Tā hěn máng.	그는 매우 바쁩니다.

용법 '很'은 동작을 나타내는 술어의 앞에서는 쓰이지 않습니다. 예를 들면, '*他很去。'를 한국어로 번역하면, '그는 아주 잘 간다.'가 되어, '*他很去。'가 맞는 문장이 되는 것 같지만, '去'(가다)가 동작을 나타내는 동사이기에 틀린 문장이 됩니다.

· 忙 máng 바쁘다

3. 조동사 '可以'

기능 어떤 조건을 근거로 허가를 나타내며, '…해도 좋다.'의 뜻을 나타냅니다.

구조 '可以'는 술어 앞에 위치합니다.

부사어	부사어	술어	목적어
那边	可以	做	饭。

용법 '那边可以做饭。'의 '可以'는 누군가로부터 허가를 받거나 허가를 요청하는 의미를 나타내고, 어떤 일에 대한 의지를 나타내는 '可以'의 용법도 있습니다.

你可以教我吗?　　(가능)
Nǐ kěyǐ jiāo wǒ ma?

· 教 jiāo 가르치다

4. 선택의문 'A不A'

의문표지 '~吗'로 의문문형을 만드는 방법을 학습하였고, 의문사 '谁', '几', '多', '什么', '哪儿', '怎么'로 의문문형을 만드는 방법을 학습하였습니다. 'A不A' 형태는 중국어에서 의문문형을 만드는 또 다른 형태입니다.

기능 말하는 이가 듣는 이의 대답을 미리 생각하지 않고, 중립적인 방법으로 질문을 하는 문형입니다.

구조 'A'는 첫 번째 술어이며 긍정형태이고, '不A'는 첫 번째 술어를 '不' 뒤에 놓이게 하여 부정을 형태를 만듭니다. 다시 말하자면, 어떤 술어의 긍정과 부정을 함께 배치하여, 그 중 하나를 선택하게 하는 선택의문문형입니다.

주어	술어		목적어
	有	没有?	
你	吃	不吃?	
你	喝	不喝	咖啡?
他	是	不是	中国人?

용법 'A不A' 의문문형의 대답은 긍정(A)이나 부정(不A) 하나를 선택해서 대답합니다.

短文 단문

05-05 단문

我住在北京語言大學附近的小區。這兒有銀行、超市和很多飯館。我常去一家飯館吃飯。飯館的對面是銀行。飯館和銀行都在我家附近。超市出口的對面是有車站。

我住在北京语言大学附近的小区。这儿有银行、超市和很多饭馆。我常去一家饭馆吃饭。饭馆的对面是银行。饭馆和银行都在我家附近。超市出口的对面有车站。

간체자 쓰기

단어 정리

05-05 단문_단어

住	zhù	동사	살다, 거주하다
小区	xiǎoqū	명사	주택 단지
北京语言大学	Běijīng yǔyán dàxué	명사	북경어언대학교
这儿	zhèr	지시대명사	여기
银行	yínháng	명사	은행
超市	chāoshì	동사	마트
饭馆	fànguǎn	명사	음식점
家	jiā	양사	집(집·점포·공장 등을 세는 단위)
出口	chūkǒu	동사	출구
车站	chēzhàn	명사	정류장

课堂活动 교실 활동

방법

1) 제5과의 지도를 사용한다.
2) 한명이 위치를 가리키면, 다른 한명이 그 건물을 이용해 주변의 위치를 표현한다.
(p 71 그림 참조)

예 图书馆
图书馆的后面是运动场。
图书馆的前边是办公楼。

练习 연습

1. 다음 문장의 ____안에 적합한 단어를 골라 넣어 보시오.

보기 去　很　没有　骑

(1) 房间__________大。

(2) 你__________哪儿?

(3) __________自行车回去。

(4) 有__________冰箱?

2. 다음 주어진 대화를 완성하시오.

(1) A: 你在哪儿?

B: __________________________________。

(2) A: 你怎么去?

B: __________________________________。

(3) A: 卧室朝南吗?

B: __________________________________。

3. 아래 단어들을 어순에 맞게 배열해 보시오.

(1) 坐　我　去　汽车　公共

______________________________________。

(2) 你　学校　看　吗　附近　在　房子

______________________________。

(3) 来　从　怎么　那儿　学校

______________________________。

(4) 书　我　图书馆　看　去

______________________________。

4. 다음 문법에 맞지 않는 문장을 바르게 고치시오.

(1) 我外边在。 ______________________________。

(2) 没有冰箱有? ______________________________?

(3) 在我中关村这边。 ______________________________。

(4) 回自行车骑去。 ______________________________。

趣味汉语 재미있는 중국어

靠山吃山，靠水吃水。

Kào shān chī shān, kào shuǐ chī shuǐ.

산에서는 산을 의지해서 먹고 살고, 강에서는 강을 의지해서 먹고 산다. 비유의 의미로 '주변에 있는 쓸 만한 자원을 충분히 이용하다.'는 뜻이다.

· 靠 kào 의지하다
· 山 shān 산

文化知识 문화 지식

중국인의 주택

중국의 주택은 두 가지로 나뉠 수 있는데 단층과 복합층 가옥인 平房(píngfáng 단층집)과 아파트처럼 여러 층으로 된 楼房(lóufáng 다층 건물)으로 구분할 수 있습니다. 요즈음은 우리나라 사람들과 마찬가지로, 중국 사람들 또한 대체적으로 편리한 아파트를 선호하는 경향이 있어, 대도심에서 가까운 외곽 지역의 아파트 값은 천정부지로 상승하고 있다고 합니다.

중국의 전통주택환경에서 빼놓을 수 없는 것이 바로 四合院(sìhéyuàn 사합원)입니다. 四合院은 중국에서도 특히 베이징 토박이들의 일상 속으로 들어가면 엿볼 수 있는 전통 가옥입니다. 집 안의 마당을 중심으로 동서남북 네 면을 여러 채의 방 혹은 여러 채의 집이 둘러싸고 있어, 四合院이라는 이름이 지어졌습니다. 이것은 하늘에서 내려다보면 입구(口)자 형태의 건물에 하나의 대문을 두고, 적게는 몇 가구에서 많게는 몇 십 가구까지 함께 살았던 베이징의 전통적인 가옥이자 주거형식을 말합니다. 이것은 예전의 우리나라 전통 한옥 가옥처럼, 여러 가정이 대가족을 이루고, 3-4대가 같이 사는 것을 말합니다. 중국에서는 이것을 四代同堂(sìdài tóngtáng 4대가 함께 살다)이라고 합니다.

최근에는 四合院을 개조하여 여러 문화권의 사람들이 머물 수 있는 게스트하우스나 중국의 전통 음식 문화를 즐길 수 있도록 레스토랑이나 커피숍을 운영하는 사람들이 늘어나면서 베이징의 옛 문화를 잠시나마 느껴 볼 수 있는 기회가 많이 생겼습니다.

核心句 핵심구

1. 你去哪儿?
2. 我在外边看房子。
3. 你怎么去?

06
第六课

祝你生日快乐!

Zhù nǐ shēngrì kuàilè!

학습목표

1. 전화 표현 학습하기
2. 축하 표현 학습하기
3. 초대 표현 학습하기

① 生日快乐 Shēngrì kuàilè 생일 축하합니다!

② 心想事成 Xīnxiǎng shìchéng 소원 성취하시기를 기원합니다.

③ 身体健康 Shēntǐ jiànkāng 건강하다.

④ 万事如意 Wànshì rúyì 모든 일이 뜻대로 이루어지다.

⑤ 工作顺利 Gōngzuò shùnlì 작업은 순조롭게 진행되다.

会话 회화 1

수현과 赵美가 전화를 하며

06-01 회화1

赵美: 喂，秀贤在吗？
Wéi, Xiùxián zài ma?

秀贤朋友: 在，请稍等。
Zài, qǐng shāoděng.

秀贤: 我是秀贤，谁呀？
Wǒ shì Xiùxián, shéi ya?

赵美: 我是赵美，今天是你的生日对吧！
Wǒ shì Zhàoměi, jīntiān shì nǐ de shēngrì duì ba!

秀贤: 是的，谢谢你记得我的生日。晚上我们一起吃饭吧。
Shìde, xièxie nǐ jìdé wǒ de shēngrì. Wǎnshang wǒmen yìqǐ chīfàn ba.

赵美: 好，七点在学校门口见。
Hǎo, qīdiǎn zài xuéxiào ménkǒu jiàn.

단어 정리

06-01 회화1_단어

稍	shāo	부사	조금	谢谢	xièxie	동사	감사합니다. 고맙습니다
等	děng	동사	기다리다	记得	jìde	동사	기억하고 있다
呀	ya	어기조사	문장의 끝에 쓰여 말하는 이의 느낌을 전한다	门口	ménkǒu	명사	입구
				晚上	wǎnshang	명사	저녁
生日	shēngrì	명사	생일	是的	shìde	동사	그렇다. 옳다. 맞다
对	duì	형용사	맞다. 옳다	好	hǎo	형용사	좋다. 아름답다. 훌륭하다. 만족하다
吧	ba	조사	제안표지				

核心攻略 핵심 표현

1. 喂，秀贤在吗？

'喂'는 전화상에서 '여보세요!'라는 뜻으로 쓰입니다. '喂, … 在吗'를 같이 쓸 때 '여보세요! … 계세요?'라는 뜻입니다. 찾는 사람이 있으면 '在'라고 대답하고, 부재중이면 '不在'라고 대답합니다.

喂，사람 + 在吗？

喂，王老师在吗？ Wéi, Wáng lǎoshī zài ma?	여보세요. 왕 선생님 계십니까?
在，请稍等。 Zài, qǐng shāoděng.	계십니다. 잠깐 기다려 주세요.

喂，王老师在吗？ Wéi, Wáng lǎoshī zài ma?	여보세요. 왕 선생님 계십니까?
对不起，她不在。 Duìbuqǐ, tā bú zài.	미안합니다. 그녀는 안 계십니다.

2. 제안표지 '吧'

기능 말하는 이가 제안을 제기하는 표현입니다.

구조 문장의 가장 끝에 위치합니다.

문장			제안표지
주어	술어	목적어	제안표지
你	喝	茶	吧！
	对		吧！

용법 '吧'는 명령문에서도 사용하기 때문에, 부드러운 말투로 읽어야 합니다.

会话 회화 2

선생님과 수현이 교실에서 이야기하며

06-02 회화2

老师: 秀贤同学，生日快乐！
Xiùxián tóngxué, shēngrì kuàilè!

秀贤: 谢谢老师。
Xièxie lǎoshī.

老师: 这是一本介绍老北京的书，打开看看，希望你喜欢。
Zhè shì yì běn jièshào lǎo Běijīng de shū, dǎkāi kànkan, xīwàng nǐ xǐhuan.

秀贤: 你看！这里有老北京炸酱面。
Nǐ kàn! Zhè lǐ yǒu lǎo Běijīng zhájiàngmiàn.

晚上我请您吃炸酱面。
Wǎnshang wǒ qǐng nín chī zhájiàngmiàn.

단어 정리

06-02 회화2_단어

生日快乐	shēngrì kuàilè		생일 축하합니다	喜欢	xǐhuan	동사	좋아하다
本	běn	양사	권(책을 세는 단위)	炸酱面	Zhájiàngmiàn	명사	자장면
介绍	jièshào	동사	소개하다	这	zhè	대명사	이, 이것
老	lǎo	형용사	옛	这里	zhèlǐ	대명사	이곳, 여기
打开	dǎkāi	동사	펴다, 열다	请	qǐng	동사	대접하다
希望	xīwàng	동사	바라다	吃	chī	동사	먹다

核心攻略 핵심표현

1. 晚上我请您吃炸酱面。

'请'은 '대접하다. 초대하다'라는 뜻의 동사로 쓰입니다.

주어 + 请 + 사람 + 동사 + 명사

明天我请你看电影。
Míngtiān wǒ qǐng nǐ kàn diànyǐng.
내일 제가 영화를 보여주겠습니다.

我请你吃中国菜。
Wǒ qǐng nǐ chī Zhōngguócài.
제가 중국 음식을 대접하겠습니다.

我		大家看电影。
老师		同学们吃冰淇淋。
经理	请	同事们吃晚饭。
教授		同学们喝咖啡。
他		我吃韩国菜。

- 中国菜 zhōngguócài 중국요리
- 冰淇淋 bīngqílín 아이스크림
- 同事 tóngshì 동료
- 经理 jīnglǐ 매니저
- 晚饭 wǎnfàn 저녁밥
- 教授 jiàoshòu 교수
- 韩国菜 Hánguócài 한국요리

2. 동사 중첩

기능 동사를 두 번 반복하여 쓰는 것을 '중첩'이라고 합니다. 동사를 중첩을 하면, '동작의 단시간'과 '동작의 시도' 등의 의미가 있습니다.

구조 동사를 중첩할 때는 일음절이든, 이음절이든 동사 단어 그대로 두 번씩 반복해서 사용하면 됩니다.

(1) 일음절 동사: AA

坐坐 zuòzuo　　问问 wènwen

(2) 이음절 동사: ABAB

运动运动 yùndong yùndong　　介绍介绍 jièshao jièshao

你听听。
Nǐ tīngting.
좀 들어보시오.

- 问 wèn 묻다
- 运动 yùndòng 운동
- 听 tīng 듣다

용법 (1) 모든 동사가 다 중첩이 되는 것은 아닙니다. 주로 동작을 나타내는 동사가 중첩이 됩니다.
(2) 동사의 중첩은 말하는 이가 제안을 할 때 사용합니다.

会话 회화 3

수현과 선생님이 짜장면을 먹으며

06-03 회화3

秀贤: 这是我第一次吃老北京炸酱面。老师，请慢用。
Zhè shì wǒ dìyī cì chī lǎo Běijīng zhájiàngmiàn. Lǎoshī, qǐng màn yòng.

老师: 好的。中国的炸酱面和韩国的不一样。
Hǎode. Zhōngguó de zhájiàngmiàn hé Hánguó de bù yíyàng.

秀贤: 是的，谢谢您和我一起过生日。
Shì de, xièxie nín hé wǒ yìqǐ guò shēngrì.

老师: 祝你生日快乐!
Zhù nǐ shēngrì kuàilè!

단어 정리

06-03 회화3_단어

第一	dìyī		첫(번)째
次	cì	양사	번(횟수를 세는 단위)
请慢用	qǐng mànyòng		천천히 드세요
一样	yíyàng	형용사	같다
过	guò	동사	지내다, 보내다
祝	zhù	동사	축하하다
好的	hǎode		좋아, 됐어

核心攻略 핵심표현

1. 祝你生日快乐!

'祝'는 상대방에게 '…하기를 기원합니다. 축하합니다.'라는 뜻으로, 문장 앞에 쓰입니다.

祝 + 사람 + 축하내용

祝你万事如意!
Zhù nǐ wànshì rúyì!
만사가 뜻대로 되길 빌어요!

祝您 生日快乐!
身体健康!
工作顺利!
永远快乐幸福!
早得贵子!

· 万事如意 wànshì rúyì 모든 일이 뜻대로 이루어지다
· 身体健康 shēntǐ jiànkāng 신체가 건강하다
· 工作顺利 gōngzuò shùnlì 일이 순조롭다
· 永远快乐幸福 yǒngyuǎn kuàilè xìngfú 영원히 즐겁고 행복하다
· 早得贵子 zǎodé guìzǐ 자식을 빨리 얻다

2. 중심어 생략 표지 '的'

기능 중심어는 피수식어나 소유물로서 앞 문장에 나와 있는 경우 중복을 피하기 위해서 생략이 됩니다.

수식어		중심어	접속사	수식어		중심어
명사	수식표지			명사	수식표지	
中国	的	炸酱面	和	韩国	的	(炸酱面)

구조 '명사/형용사/동사/절+的+(명사)' 구조를 이룹니다.

용법 중복되는 중심어는 생략이 가능합니다. 제3과에서는 수식표지 '的'을 학습하였습니다.

短文 단문

06-04 단문

今天是秀賢的生日。玄彬和他們的老師在老北京飯店給他過生日。他們一起唱生日歌、吹蠟燭、吃蛋糕，秀賢很高興。

今天是秀贤的生日。玄彬和他们的老师在老北京饭店给他过生日。他们一起唱生日歌，吹蜡烛，吃蛋糕。秀贤很高兴。

간체자 쓰기

단어 정리

06-04 단문_단어

给	gěi	전치사	…에게
唱	chàng	동사	노래하다
歌	gē	명사	노래
吹	chuī	동사	입으로 힘껏 불다
蜡烛	làzhú	명사	촛불
蛋糕	dàngāo	명사	케이크
高兴	gāoxìng	형용사	즐겁다. 기쁘다

核心攻略 핵심 표현

1. 给他过生日。

‘给’는 ‘…에게’라는 뜻으로 전치사로 쓰입니다.

给 + 사람 + 동사 + 명사

谢谢你给我打电话。
Xièxie nǐ gěi wǒ dǎ diànhuà.
저한테 전화 주셔서 감사합니다.

明天他给我做中国菜。
Míngtiān tā gěi wǒ zuò Zhōngguócài.
내일 그는 나에게 중국음식을 만들어 줄 것입니다.

大家		我	唱生日歌。
老师		秀贤	买书。
妈妈	给	我	做晚饭。
爸爸		儿子	讲故事。
大家		我	过生日。

· 打电话 dǎ diànhuà 전화를 걸다
· 买 mǎi 사다
· 讲故事 jiǎng gùshi 이야기를 하다
· 过生日 guò shēngrì 생일을 보내다. 생일 파티를 하다

따라 읽어보기(표지판)

灭火器使用方法
mièhuǒqì shǐyòng fāngfǎ

소화기 사용방법

课堂活动 교실 활동

방법

아래의 카드에 친구나 가족에서 보내는 생일 축하 내용을 중국어 문장으로 써보시오.

따라 읽어보기(논어 명구)

不耻下问 bùchǐ xiàwèn 아랫사람에게 묻는 것을 부끄럽게 생각하지 마라.

惠而不费 huìér búfèi 은혜를 베풀어라. 손해날 것은 하나도 없다.

练习 연습

1. 다음 문장의 ____안에 적합한 단어를 골라 넣어 보시오.

보기 稍　请　希望　记得

(1) 谢谢你 ________ 我的生日。

(2) 在，请 ________ 等。

(3) 打开看看，________ 你喜欢。

(4) 晚上我 ________ 您吃炸酱面。

2. 다음 주어진 대화를 완성하시오.

(1) A: 今年谁给你过生日？

B: ______________________________。

(2) A: 你记得妈妈爸爸的生日吗？

B: ______________________________。

(3) A: 喂，秀贤在吗？

B: ______________________________。

(4) A: 韩国的炸酱面和中国的炸酱面一样吗？

B: ______________________________。

3. 아래 단어들을 어순에 맞게 배열해 보시오.

(1) 门口 七点 见 学校 在 ______________________。

(2) 有 这里 炸酱面 老北京 ______________________。

(3) 的 一本 这 介绍 是 老北京 书

____。

(4) 不 炸酱面 和 中国的 韩国的 一样

____。

4. 다음 문법에 맞지 않는 문장을 바르게 고치시오.

(1) 晚上我请吃炸酱面您。 ______________________。

(2) 晚上一起我们吃饭吧。 ______________________。

(3) 我请中国菜你吃。 ______________________。

趣味汉语 재미있는 중국어

大姑娘坐花轿，头一回。

Dà gūniáng zuò huājiào, tóu yì huí.

노처녀가 꽃가마 탄다 - 처음이다. 비유적 의미로 '어떤 일을 처음하다.'는 뜻이다.

· 花轿 huājiào 꽃가마

文化知识 문화 지식

중국의 생일 풍습

중국에서는 어린아이가 만 한 살이 되었을 때, 아이 주변에 붓, 실, 활, 동전 등의 물건을 올려놓고, 아이가 처음으로 잡는 물건으로 그 아이의 일생을 점쳐 봅니다. 붓은 학자를, 실은 장수를, 활은 장군을, 동전은 부를 상징합니다. 이런 습관은 한국의 돌잡이와 비슷한데, 이것을 중국에서는 抓周(zhuāzhōu)라고 부릅니다.

중년이나 노인의 생일을 지낼 때는 아주 긴 면을 먹곤 하는데, 이것은 장수를 상징하는 것입니다. 그래서 면을 그릇에 담을 때는 면이 끊어지지 않게 하고, 면을 뽑을 때에도 면을 길게 뽑아 생일 지내는 사람의 장수를 기원하곤 합니다. 이런 의미에서 이 면의 이름을 长寿面(chángshòumiàn 장수면)이라 부릅니다.

또한 일반적으로 생일을 지낼 때에는 红蛋(hóngdàn)이나 茶叶蛋(cháyèdàn)이라는 계란을 먹는다. 이 풍습은 계란껍질을 벗기는 것이 우리가 과거에서 벋어나 '환골탈태'의 의미를 가지는 것으로, 새로운 인생이 시작되기를 바라는 마음에서 비롯된 것입니다. 그러나 요즘 대도시의 젊은 부모들은 아이들의 생일을 지낼 때 예전보다는 조금 더 창의적으로 보내기도 합니다. 그래서 장수면이나 계란의 껍질을 벗기는 등의 습관 대신 직접 수공예품을 만들어 선물하거나 가족여행을 가기도 하는 등 아이들에게 특별한 생일 선물을 하기도 합니다. 젊은 부모들은 갈수록 이런 형식의 생일 축하 방식을 선호하는 추세입니다.

核心句 핵심구

1. 喂，秀贤在吗？
2. 我请您吃炸酱面。
3. 祝你生日快乐！
4. 请稍等。

07

第七课

我把钱都花了。

wǒ bǎ qián dōu huāle.

학습목표

1. 중국 화폐 단위 소개
2. 가격 묻고 답하는 표현 익히기

① 限时折扣 xiànshí zhékòu 한정 세일

② 特价书 tèjià shū 특가 서적

③ 热卖图书 rèmài túshū 베스트셀러 도서

④ 65折 liù wǔ zhé 35% 할인

会话 회화 1

현빈과 수현이 서점에서 이야기하며

07-01 회화1

玄彬: 你买那本教材了吗?
Nǐ mǎi nà běn jiàocái le ma?

秀贤: 我在学校的书店买了。
Wǒ zài xuéxiào de shūdiàn mǎi le.

玄彬: 那本教材多少钱?
Nà běn jiàocái duōshao qián?

秀贤: 原价六十元，打八五折，五十一元。
Yuánjià liùshí yuán, dǎ bāwǔ zhé, wǔ shí yī yuán.

玄彬: 还打折啊! 我也去那儿买。
Hái dǎzhé a! Wǒ yě qù nàr mǎi.

단어 정리

07-01 회화1_단어

买	mǎi	동사	사다
教材	jiàocái	명사	교재
了	le	조사	완료표지. 상태변화 표지
书店	shūdiàn	명사	서점
多少	duōshao	의문사	얼마
钱	qián	명사	화폐. 돈
原价	yuánjià	명사	원가
元	yuán	양사	원(중국의 화폐 단위)
还	hái	접속사	또. 더. 게다가
打折	dǎzhé	동사	할인하다
那	nà	대명사	그. 저

核心攻略 핵심표현

1. 완료표지 '了'

기능 동사술어 뒤에 위치하여, 그 동작이 완료되었음을 나타내는 표지로, 어떤 동작이 완료되었음을 표현합니다.

구조 (1) '동작을 나타내는 술어+了' 구조를 이룹니다.

(2) 완료표지 '了'가 있는 문장을 부정문으로 전환할 때는 술어 앞에 没(méi)를 쓰고, '了'를 같이 사용하지 않습니다.

주어	부사어	동작을 나타내는 술어	완료표지
我	在学校的书店	买	了。

昨天我看了一部电影。 어제 내가 영화를 한편 보았습니다.
Zuótiān wǒ kànle yí bù diànyǐng.

주어	부사어	술어	목적어
我	没	看	电影。

我没吃蛋糕。 나는 케이크를 먹지 않았습니다.
Wǒ méi chī dàngāo.

我	买	了	一件衣服。
我们一起	看		一部电影。

용법 (1) 완료표지 '了'는 부정문에 나타나지 않습니다.

(2) 완료표지 '了'는 어떤 행위의 완료를 의미하기 때문에, 자주 과거 시간과 함께 사용됩니다. 그러나 과거 표지는 아닙니다.

- 昨天 zuótiān 어제
- 部 bù 편
- 没 méi 과거에 발생한 행위의 부정
- 蛋糕 dàngāo 케이크
- 件 jiàn 벌
- 衣服 yīfu 옷

2. 상태변화 표지 '了'

기능 새로운 상황으로 변화한 경우에 쓰입니다.

구조 문장의 가장 끝에 위치합니다.

문장			상태변화 표지
주어	술어	목적어	
我	去	医院	了。

용법 '了'는 두 가지 용법이 있습니다. 하나는 동작이 완료되었음을 나타내는 표지로, 일반적으로 '了1'이라 부릅니다. 다른 하나는 새로운 상황의 출현을 표시하는 것으로 일반적으로 '了2'라 부릅니다.

会话 회화 2

수현이 은행을 가는 중에 赵美를 만나서

07-02 회화2

赵美: 你去哪儿?
Nǐ qù nǎr?

秀贤: 我去银行取钱。我把钱都花了。
Wǒ qù yínháng qǔqián. wǒ bǎ qián dōu huā le.

赵美: 你买什么啦?
Nǐ mǎi shénme la?

秀贤: 我买了一些生活用品和一条床单。
Wǒ mǎile yìxiē shēnghuóyòngpǐn hé yì tiáo chuángdān.

啊！我忘了买被子。
a! Wǒ wàng le mǎi bèizi.

赵美: 我带你去超市买。
Wǒ dài nǐ qù chāoshì mǎi.

단어 정리

07-02 회화2_단어

银行	yínháng	명사	은행	生活用品	shēnghuó yòngpǐn	명사	생활용품
取	qǔ	동사	(돈을) 찾다	条	tiáo	양사	장(긴 천을 세는 단위)
钱	qián	명사	돈	床单	chuángdān	명사	침대보
把	bǎ	전치사	…으로, …을(를) 가지고	忘	wàng	동사	(지난 일을) 잊다
花	huā	동사	(돈을) 쓰다	被子	bèizi	명사	이불
啦	lā	어기조사	문장의 끝에 쓰여 말하는 이의 느낌을 전한다	带	dài	동사	데려가다
一些	yìxiē		조금 약간	超市	chāoshì	명사	슈퍼마켓

核心攻略 핵심표현

1. 처치표지 '把'

기능 처치 혹은 처리를 강조할 때 쓰는 표지입니다.

구조 '把'구문을 사용할 때 술어의 목적어(명사구)를 앞으로 도치시켜, 행위나 동작의 결과를 강조하고, 목적어(명사구)는 말하는 이와 듣는 이가 모두 알고 있는 사물이어야 합니다. '…을 …하다'라는 뜻으로, 술어 뒤에 '了1'가 자주 옵니다. '了1'가 자주 오는 이유는 그 행위나 동작이 이미 완료되었기 때문입니다.

주어 + 把 + 명사구(목적어) + 술어 + 了1

주어	부사어		부사어	술어	완료표지
	전치사	명사(구)			
我	把	钱	都	花	了1。

我把面吃了。
Wǒ bǎ miàn chī le.
제가 국수를 먹었습니다.

我把书丢了。
Wǒ bǎ shū diū le.
제가 책을 잃어버렸습니다.

我		药	吃	
我	把	咖啡	喝	了1
他们		作业	做	
她		钱	丢	

용법 (1) 전치사 把 뒤의 명사구는 말하는 이와 듣는 이가 모두 알고 있는 명확한 사물이어야 합니다.
(2)전치사 把 구문에 쓰이는 술어는 타동사이어야 하며, 목적어가 처치가 되어 사라지거나 처리가 되어야 합니다.

· 面 miàn 국수
· 丢 diū 잃어버리다
· 药 yào 약

会话 회화 3

현빈과 赵美가 과일가게에서 과일을 사며

07-03 회화3

玄彬: 我去买水果，我的水果吃完了。
Wǒ qù mǎi shuǐguǒ, wǒ de shuǐguǒ chīwán le.

赵美: 我也是。我和你一起去。
Wǒ yě shì. Wǒ hé nǐ yìqǐ qù.

玄彬: 苹果和西瓜怎么卖？
Píngguǒ hé xīguā zěnme mài？

售货员: 苹果三块一斤、西瓜十块一个。
Píngguǒ sān kuài yì jīn、 xīguā shí kuài yí gè.

玄彬: 我要一斤苹果、一个西瓜。
Wǒ yào yì jīn píngguǒ、 yí gè xīguā.

赵美: 我要三斤苹果、半个西瓜、一共多少钱？
Wǒ yào sān jīn píngguǒ、 bàn gè xīguā、 yígòng duōshao qián？

售货员: 一共二十七块。
Yígòng èrshí qī kuài.

赵美: 给您一百块。
Gěi nín yìbǎi kuài.

售货员: 找您七十三块。
Zhǎo nín qīshí sān kuài.

단어 정리

吃完	chīwán		다 먹다	要	yào	동사	원하다, 필요하다
水果	shuǐguǒ	명사	과일	一共	yígòng	부사	모두, 합계
苹果	píngguǒ	명사	사과	给	gěi	동사	주다
西瓜	xīguā	명사	수박	找	zhǎo	동사	거슬러주다
卖	mài	동사	팔다	售货员	shòuhuòyuán	부사	판매원, 점원
斤	jīn	양사	근(무게의 단위)	块	kuài	양사	원(중국의 화폐 단위)
个	gè	양사	명(물건을 세는 단위)				

核心攻略 핵심 표현

1. 수량을 묻는 의문사 '多少'

기능 '의문사'는 말하는 이가 듣는 이에게 질문을 하여 그 답을 요구하는 것을 말합니다. '多少'는 수량을 묻는 의문사로, '얼마/몇'이라는 뜻을 가지고 있습니다.

구조 '多少'는 관형어, 목적어 자리에 위치할 수 있고, 질문의 '多少'와 이에 대답하는 어휘가 같은 위치에 옵니다.

부사어	술어	관형어 + 목적어
一共	(是)	多少钱?

용법 수량을 묻는 의문사 '多少'의 성조는 duōshao와 같이 少가 경성입니다. 반면에 부사 용법으로 다소간, 어느 정도의 의미를 가지는 '多少'는 duōshǎo로 발음합니다.

따라 읽어보기(논어 명구)

仰之弥高 yǎngzhī mígāo 스승은 우러러보면 볼수록 더욱 존경스러운 대상이다.

2. 중국 화폐

중국의 화폐는 인민폐(rénmínbì)이며, 약자로 RMB라고 하며, CNY(China Yuan)로 표기하기도 합니다. 기본 단위는 元(yuán)이며, 元의 아래 화폐단위로는 角(jiǎo), 分(fēn)이 있고, 1元=10角=100分입니다. 회화체에서는 주로 块(kuài), 毛(máo), 分(fēn)을 씁니다.

지폐 정면 | 지폐 뒷면

100元

50元

20元

核心攻略 핵심 표현

10元

5元

1元

5角

1角

2角

短文 단문

07-04 단문

最近百貨商場打折，東西便宜了很多。中國的八折優惠是韓國的百分之二十。我正好要給家人買禮物，就給媽媽買了件衣服，給爸爸買了條皮帶，給自己買了一些生活用品。我買了很多東西，所以把錢都花了。

最近百货商场打折，东西便宜了很多。中国的八折优惠是韩国的百分之二十。我正好要给家人买礼物，就给妈妈买了件衣服，给爸爸买了条皮带，给自己买了一些生活用品。我买了很多东西，所以把钱都花了。

간체자 쓰기

단어 정리

07-04 단문_단어

最近	zuìjìn	부사	최근
百货商场	bǎihuò shāngchǎng	명사	백화점
便宜	piányi	형용사	(값이) 싸다
东西	dōngxi	명사	물건
优惠	yōuhuì	명사	특혜. 우대
百分之	bǎifēnzhī	명사	퍼센트
正好	zhènghǎo	부사	마침
家人	jiārén	명사	식구
礼物	lǐwù	명사	선물
就	jiù	부사	곧. 즉시 바로
皮带	pídài	명사	가죽 벨트
自己	zìjǐ	명사	자기 자신
所以	suǒyǐ	접속사	그래서. 때문에

课堂活动 교실 활동

방법

1) 학생들을 팀 별로 나누고, 선생님이 한자카드를 한 팀씩 나누어 주고, 학생이 문법 순서에 맞게 세 가지 문장을 만든다.
2) 그중에 부족하거나 만들 수 없는 단어는 다른 팀과 교환한다. 최대한 빨리 만드는 팀이 게임에서 승리한다. 단, 주어는 자유롭게 쓸 수 있다.
3) 把와 了의 한자 카드는 모든 팀에 배부한다.

经理	我	弟弟	爸爸	妹妹	老师	把	门	药	作业
咖啡	钱	书	锁	吃	做	喝	丢	买	了

예

经理	把	门	锁	了
我	把	药	吃	了

练习 연습

1. 다음 문장의 ____안에 적합한 단어를 골라 넣어 보시오.

보기	把	一共	带	和

(1) 我 __________ 你去超市买。

(2) 我要三斤苹果、半个西瓜 __________ 多少钱?

(3) 我买一些生活用品 __________ 一条床单。

(4) 我 __________ 钱都花了。

2. 다음 주어진 대화를 완성하시오.

(1) A: ________________________________?

B: 苹果三块一斤，西瓜十块一个。

(2) A: 那本书多少钱?

B: ________________________________。

(3) A: 你买什么啦?

B: ________________________________。

3. 아래 단어들을 어순에 맞게 배열해 보시오.

(1) 的 我 了 水果 完 吃 ______________________________。

(2) 本 那 买 教材 了 你 吗 ______________________________？

(3) 钱 去 我 银行 取 ______________________________。

(4) 中国 的 百分之二十 优惠 韩国 的 八折 是

______________________________。

4. 다음 문법에 맞지 않는 문장을 바르게 고치시오.

(1) 我买了在学校的书店。 ______________________________。

(2) 带我你去超市买。 ______________________________。

(3) 我把钱了都花。 ______________________________。

趣味汉语 재미있는 중국어

万事俱备，只欠东风。

Wànshì jùbèi, zhǐ qiàn dōngfēng.

준비가 다 되었는데, 동풍만 부족하다. 비유의 의미로 '모든 준비를 마쳤으나, 마지막으로 결정적인 조건이 갖춰지지 않았다.'는 뜻이다.

· 俱备 jùbèi 완비하다
· 欠 qiàn 모자라다. 부족하다
· 东风 dōngfēng 동풍

文化知识 문화 지식

중국에서 햄버거와 커피 메뉴 말하기

중국의 젊은 세대들은 여느 나라의 젊은이들과 마찬가지로 패스트푸드와 커피를 즐겨 찾습니다. 중국에서 패스트푸드점이나 카페의 대표적인 메뉴는 중국어로 어떻게 말하는지 알아봅시다.

먼저 패스트 푸드점의 대표격인 맥도날드와 KFC에 들어가면, 가장 고민되는 것은 단품으로 먹을 것인지, 아니면 세트로 먹을 것인지를 결정하는 것입니다.

단품은 单品(dānpǐn)이라 하고, 세트는 套餐(tàocān)이라 합니다. 맥도날드의 가장 대표적인 메뉴는 다음과 같습니다.

- 빅맥버거

  巨无霸汉堡 jùwúbà hànbǎo 2014년 메뉴

- 맥플러리

  麦旋风 màixuànfēng 2014년 메뉴

KFC의 대표적인 메뉴는 다음과 같습니다.

- KFC징거버거

  香辣鸡汉堡 xiānglàjī hànbǎo 2014년 메뉴

- KFC치킨버켓

  肯德基全家桶 kěndéjī quánjiātǒng 2014년 메뉴

이제는 커피 메뉴를 살펴봅시다.

보통 아래의 5개의 메뉴는 커피 전문점에서 자주 볼 수 있습니다.

- 아메리카노 美式咖啡 měishì kāfēi
- 모카커피 摩卡咖啡 mókǎ kāfēi
- 카페라떼 拿铁咖啡 nátiě kāfēi
- 카라멜마끼아또 焦糖玛奇朵 jiāotáng mǎqíduǒ
- 카푸치노 卡布奇诺咖啡 kǎbù qínuò kāfēi

아이스 음료는 메뉴 앞에 冰 bīng 을 붙여주는 센스!

테이크아웃하고 싶으면, 带走 dàizǒu 라고 말하면 OK!

核心句 핵심구

1. 你去哪儿?
2. 我把钱都花了。
3. 苹果和西瓜怎么卖?
4. 你买那本教材了吗?

08
第八课

你最近好吗?

Nǐ zuìjìn hǎo ma?

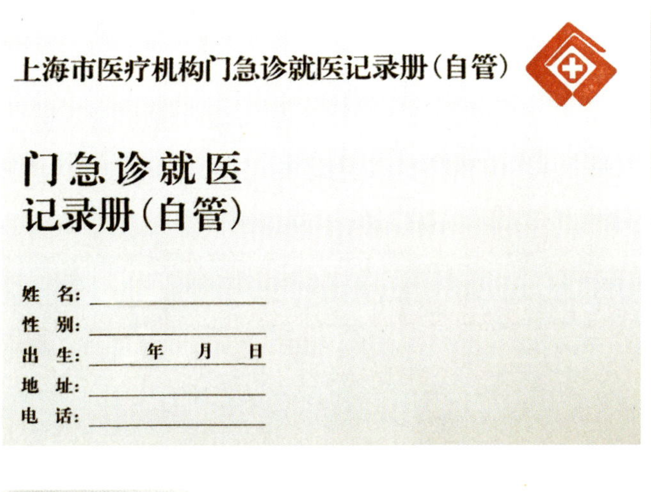
上海市医疗机构门急诊就医记录册(自管)

门急诊就医
记录册(自管)

姓 名: ______
性 别: ______
出 生: 年 月 日
地 址: ______
电 话: ______

학습목표

1. 병원 관련 표현 익히기
2. 정도 표현 학습하기

① 护士 hùshi 간호사 ② 医生 yīshēng 의사 ③ 病人 bìngrén 환자
④ 病房 bìngfáng 병실 ⑤ 药房 yàofáng 약국 ⑥ 开药 kāiyào 약을 처방하다
⑦ 挂号 guàhào 접수하다

会话 회화 1

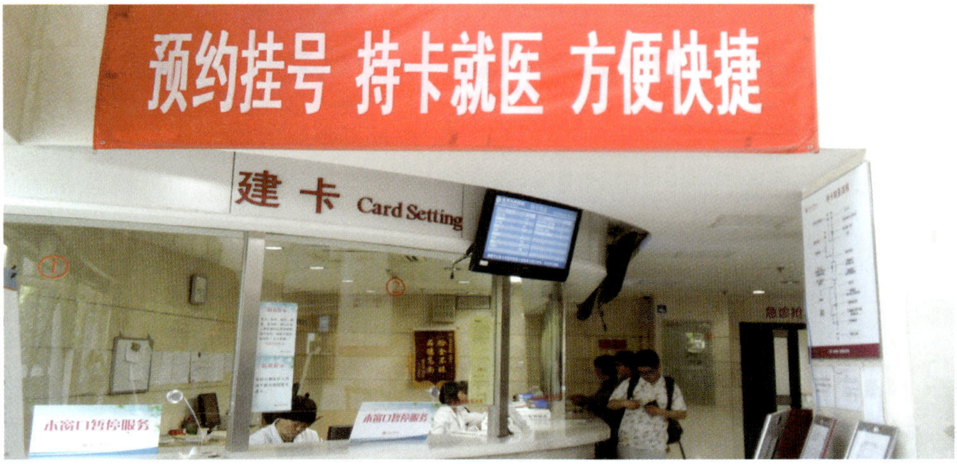

赵美가 수현의 안부를 물으며

08-01 회화1

赵美: 你最近好吗?
Nǐ zuìjìn hǎo ma?

秀贤: 我有点儿不舒服。
Wǒ yǒudiǎnr bù shūfu.

赵美: 你怎么了?
Nǐ zěnme le?

秀贤: 我最近太累了，所以感冒了。
Wǒ zuìjìn tài lèi le, suǒyǐ gǎnmào le.

赵美: 去医院了吗?
Qù yīyuàn le ma?

秀贤: 去了。
Qù le.

단어 정리

08-01 회화1_단어

最近	zuìjìn	명사	최근, 요즈음
有点儿	yǒudiǎnr	부사	조금, 약간
舒服	shūfu	형용사	(몸·마음이)편안하다
太	tài	부사	매우
累	lèi	형용사	피곤하다
所以	suǒyǐ	접속사	그래서
感冒	gǎnmào	동사	감기에 걸리다
医院	yīyuàn	명사	병원
怎么了	zěnmele		무슨 일이야? 어떻게 된 거야?

核心攻略 핵심표현

1. 我有点儿不舒服。

'有点儿'은 '조금'의 뜻이며, 술어 앞에 위치합니다.

有点儿 + 술어

汉语有点儿难。
Hànyǔ yǒudiǎnr nán.

중국어가 조금 어려워요.

今天		热
我	有点儿	想家
妈妈		累
西瓜		贵

· 难 nán 어렵다
· 热 rè 덥다
· 想家 xiǎngjiā 집을 그리워하다

2. 상태변화 표지 '了'

기능 사물의 성질이나 상태가 변화한 경우에 쓰입니다.

구조 문장의 가장 끝에 위치합니다.

문장			상태변화 표지
주어	술어	목적어	
我	感冒		了。

용법 제 7과에서 새로운 상황으로 변화한 경우의 '了 2'를 학습하였습니다.

会话 회화 2

수현이 赵美에게 감사를 표하며

08-02 회화2

秀贤: 谢谢你带我去医院看病。
Xièxie nǐ dài wǒ qù yīyuàn kàn bìng.

赵美: "在家靠父母，出门靠朋友"嘛！
"Zài jiā kào fùmǔ, chū mén kào péngyou"ma!

秀贤: 谢谢你的帮助。我想请你吃全聚德烤鸭。
Xièxiè nǐ de bāngzhù. Wǒ xiǎng qǐng nǐ chī Quánjùdé kǎoyā.

赵美: 你太客气了。
Nǐ tài kèqi le.

단어 정리

08-02 회화2_단어

看病	kànbìng	동사	(의사에게) 진찰을 받다
在家靠父母，出门靠朋友	Zài jiā kào fùmǔ, chū mén kào péngyou		(속담)집에서는 부모에게 의지하고 집을 떠나서는 친구에 의지하다
嘛	ma	어기조사	문장의 끝에 쓰여 말하는 이의 느낌을 전함
帮助	bāngzhù	명사	도움
想	xiǎng	조동사	…하고 싶다
全聚德	quánjùdé	명사	중국 베이징에서 유명한 오리구이 전문점
烤鸭	kǎoyā	명사	(통)오리구이
客气	kèqi	형용사	예의를 차리다

核心攻略 핵심 표현

1. 연동문

기능 술어가 두 개 혹은 두 개 이상의 동사로 이루어져, 선후 또는 연속적으로 발생한 두 개의 동작을 표현합니다.

구조 두 개의 술어가 하나의 주어를 공유합니다.

주어	술어 1	목적어	술어 2	목적어
我	去	医院	看	病。
我	去	全聚德	吃	烤鸭。

용법 (1) 연동문에 사용된 두 개의 동사술어는 동작의 순서에 따라, 문장의 앞과 뒤에 배치됩니다.
(2) 제5과에서는 목적어가 생략된 연동문을 배웠습니다.

2.'太… 了'

기능 이 구조의 '了'는 '了 $_2$'의 의미를 가지며, 새로운 상황의 변화를 나타냅니다.

구조 '太… 了' 구조 안에 술어가 옵니다.

부사어	술어	상태변화 표지
太	客气	了。
太	好	了。
太	棒	了。

용법 '太… 了' 구조는 주로 감탄에 사용됩니다.

· 棒 bàng (성적이) 좋다. (수준이) 높다

3. 겸어문

구조 문장 하나에 두 개의 문장 구조가 함축되어 있는 문형으로, 첫 번째 문장의 목적어가 두 번째 문장의 주어가 됩니다.

주어	동사술어	목적어		
我	请	你		
		주어	동사술어	목적어
		你	吃	全聚德烤鸭。

会话 회화 3

赵美가 수현에게 언어교환을 제의하며

08-03 회화3

赵美: 我最近学韩语，很难。汉语难不难？
Wǒ zuìjìn xué Hányǔ, hěn nán. Hànyǔ nánbunán?

秀贤: 汉语也很难，发音最难。
Hànyǔ yě hěn nán, fāyīn zuì nán.

赵美: 我教你汉语，你教我韩语，好不好？
Wǒ jiāo nǐ Hànyǔ, nǐ jiāo wǒ Hányǔ, hǎobuhǎo?

秀贤: 好极了。那下周一开始吧。
Hǎo jíle. Nà xià zhōuyī kāishǐ ba.

赵美: 一言为定。
Yìyán wéidìng.

단어 정리

08-03 회화3_단어

韩语	Hányǔ	명사	한국어
难	nán	형용사	어렵다
发音	fāyīn	명사	발음
最	zuì	부사	가장
教	jiāo	동사	가르치다
极了	jíle		정점에 이르다. 다하다(술어 뒤에 위치에 뜻을 강조할 때 쓰임)
下周一	xiàzhōuyī		다음 주 월요일
开始	kāishǐ	동사	시작하다
一言为定	yìyán wéidìng		한 마디로 약속하다
那	nà	부사	그러면. 그렇다면

核心攻略 핵심표현

1. 好极了。

'极了'는 '매우, 몹시 …하다'의 뜻으로, 정도가 최고조에 다다름을 의미합니다.

술어 + 极了

漂亮极了。
Piàoliang jíle.

매우 예쁩니다.

高兴极了。
Gāoxìng jíle.

매우 기쁩니다.

棒
难
帅
舒服
对

极了。

· 漂亮 piàoliang 예쁘다
· 高兴 gāoxìng 기쁘다
· 帅 shuài 잘생기다

2. 중국어 문장 부호

부호명칭	표시	용법
句号(jùhào)	。	문장을 마칠 때 쓰임
逗号(dòuhào)	，	문장 안에서 짧은 휴지를 나타냄
顿号(dùnhào)	、	문장 안에서 병렬적 어휘 사이의 휴지를 나타냄
冒号(màohào)	：	제시적 성격의 구절 뒤에서 휴지를 나타내며, 다음 문장을 끌어내는 데 쓰임

短文 단문

08-04 단문

中國俗話說:“在家靠父母, 出門靠朋友”。我最近非常忙, 身體又不舒服, 所以感冒了。趙美帶我去了醫院。我非常感謝她。我想請她吃全聚德烤鴨。

中国俗话说:“在家靠父母, 出门靠朋友”。我最近非常忙, 身体又不舒服, 所以感冒了。赵美带我去了医院。我非常感谢她。我想请她吃全聚德烤鸭。

간체자 쓰기

단어 정리

08-04 단문_단어

非常	fēicháng	부사	대단히, 매우
身体	shēntǐ	명사	건강
又	yòu	부사	또, 다시
感谢	gǎnxiè	동사	고맙다

课堂活动 교실 활동

방법

1) 모든 반 학생(팀)이 3 * 3 칸에 9가지 동작을 채운다.
2) 선생님이 학생에게 질문을 한다. 예를 들어, '你喝不喝咖啡？'. 선생님이 질문 할 때 반드시 'A 不 A' 형식으로만 사용한다.
3) 학생이 긍정으로 대답을 하면 '喝咖啡。' 칸에 표시를 한다.
   그러나 학생이 부정으로 대답을 하면 '不喝咖啡。' 칸에 표시하지 않는다.
4) 선생님은 위와 동일하게 다른 학생에게 질문을 한다. 혹은 질문을 받은 학생이 다른 학생에게 질문을 하여도 좋다.
5) 가로와 세로 또는 대각선으로 약속된 줄이 완성이 되면 그 학생(팀)이 승리한다.

예문

喝咖啡, 取钱, 去医院, 买水果, 看房子, 过生日, 看病, 去银行, 学汉语

喝咖啡		

练习 연습

1. 다음 문장의 ____안에 적합한 단어를 골라 넣어 보시오.

보기 有点儿　所以　在　极了

(1) 妈妈今天 __________ 不舒服。

(2) 我最近太累了，__________ 感冒了。

(3) 好__________。那下周一开始吧。

(4) __________ 家靠父母，出门靠朋友。

2. 다음 주어진 대화를 완성하시오.

(1) A: 汉语难不难？

B: ________________________________ 。

(2) A: 你怎么了？

B: ________________________________ 。

(3) A: 你最近好吗？

B: ________________________________ 。

(4) A: 我教你汉语，你教我韩语，好不好？

B: ________________________________ 。

3. 아래 단어들을 어순에 맞게 배열해 보시오.

(1) 有点儿 不 我 舒服 ______________________________。

(2) 全聚德 请 想 我 你 吃 烤鸭 ______________________________。

(3) 好不好 汉语 教 我 你 ______________________________。

4. 다음 문법에 맞지 않는 문장을 바르게 고치시오.

(1) 去不去医院了吗? ______________________________。

(2) 我你教汉语。 ______________________________。

(3) 汉语很也难。 ______________________________。

趣味汉语 재미있는 중국어

病来如山倒，病去如抽丝。

Bìnglái rú shāndǎo, bìngqù rú chōusī.

병은 산이 무너지는 것 같이 (갑자기) 오고, 실을 뽑는 것과 같이 (서서히) 간다.
비유의 의미로 '병은 갑자기 오고, 치료 과정은 길다.'는 뜻이다

· 如 rú …와/(과) 같다
· 倒 dǎo 무너지다
· 抽丝 chōusī 실을 뽑다

文化知识 문화 지식

중국 유학 또는 여행 전에 이것만은 꼭 알기!

① 호텔이나 기숙사에서 체크인을 할 때, 일반적으로 보증금(押金 yàjīn)을 내야 합니다. 보증금의 액수는 제각기 다릅니다. 이 보증금은 퇴실 할 때 돌려주니 걱정할 필요가 없습니다. 다만 퇴실할 때 방에 이상이 있거나, 가구가 손상되었거나 하는 경우에는, 이 보증금에서 제하게 되니 방을 이용할 때 조심해야 합니다.

② 중국 기숙사의 방값에는 일정량의 전기세도 포함되어 있습니다. 그러나 일정량의 전기를 다 사용했다면, 데스크 혹은 전기 담당 부서를 찾아가 전기를 사야합니다(买电 mǎidiàn).

③ 은행에서 계좌를 개설하고 비밀번호(密码 mìmǎ)를 설정할 때, 6자리로 설정해야 합니다. 비밀번호를 4자리로 설정하면, 계속 오류가 날 수 있으니, 이 점을 주의해야 합니다.

④ 한국에서는 신용카드나 체크카드로 결제를 할 때, 서명을 하면 됩니다. 그러나 중국의 백화점이나 큰 마트에서 카드로 결제를 할 때에는 카드 비밀번호 6자리를 입력(输入 shūrù)해야 결제를 할 수 있습니다.

⑤ 중국 국내에서는 큰 상점을 제외하고는 대부분 현금을 사용합니다. 한국은 작은 마트에서도 카드를 사용할 수 있지만, 중국에서는 일반적으로 현금을 사용하니, 웬만하면 현금(现金 xiànjīn)을 준비하는 것이 좋습니다.

- 중국 시장 -

核心句 핵심구

1. 我有点儿不舒服。
2. 你最近好吗？
3. 那下周一开始吧。
4. 一言为定。

09

第九课

我要去中国留学。

Wǒ yào qù Zhōngguó liúxué.

학습목표

1. 자신의 계획 말하기
2. 수량표현 익히기

① 北京大学 Běijīng dàxué 북경대학교

② 清华大学 Qīnghuá dàxué 청화대학교

③ 东北师范大学 Dōngběi shīfàn dàxué 동북사범대학교

④ 地质大学 dìzhì dàxué 지질대학

⑤ 爲人師表(为人师表) wéirén shībiǎo 타인의 모범이 되다.

会话 회화 1

현빈과 수현이 중국 유학 계획에 대해서 이야기하며

09-01 회화1

玄彬: 听说你要去中国学习，真的吗？
Tīngshuō nǐ yào qù Zhōngguó xuéxí, zhēnde ma?

秀贤: 我申请了中国的交换学生。你也打算去中国吗？
Wǒ shēnqǐng le Zhōngguó de jiāohuàn xuésheng. Nǐ yě dǎsuàn qù Zhōngguó ma?

玄彬: 我原来想明年去，如果你去的话，我也再想想吧。
Wǒ yuánlái xiǎng míngnián qù, rúguǒ nǐ qù dehuà, wǒ yě zài xiǎngxiang ba.

秀贤: 我们是好朋友，一起去吧。
Wǒmen shì hǎo péngyou, yìqǐ qù ba.

玄彬: 好吧。我和父母商量商量。
Hǎo ba. Wǒ hé fùmǔ shāngliang shāngliang.

단어 정리

09-01 회화1_단어

听说	tīngshuō	동사	듣자(하)니, 듣건대	如果	rúguǒ	접속사	만약
要	yào	조동사	학습하다, 공부하다	的话	dehuà	조사	…하다면
学习	xuéxí	동사	공부하다	再	zài	부사	다시
申请	shēnqǐng	동사	신청하다	想	xiǎng	동사	생각하다
交换	jiāohuàn	동사	교환하다	父母	fùmǔ	명사	부모
打算	dǎsuàn	동사	계획하다	商量	shāngliang	동사	상의하다
原来	yuánlái	부사	본래	學生	xuésheng	명사	학생
明年	míngnián	명사	내년				

核心攻略 핵심표현

1. 조동사 '要'

기능 어떤 일에 대한 의지를 나타내며, '…하려 하다'의 뜻을 나타냅니다.

구조 '要'는 술어 앞에 위치합니다.

주어	부사어	술어	목적어
他	要	去	中国。

我要去中国。
Wǒ yào qù Zhōngguó。

我要买这件衣服。
Wǒ yào mǎi zhèjiàn yīfú。

我		去	韩国。
妈妈	要	喝	咖啡。
爸爸		买	钱包。

용법 '要'은 조동사의 '…하려 하다'는 뜻 이외에, '원하다. 바라다. 희망하다.'의 뜻을 가진 일반동사로도 사용되어, 문장에서 술어를 담당합니다.

주어	부사어	술어	목적어
我	要	吃	面。
我		要	咖啡。

· 钱包 qiánbāo 돈지갑

따라 읽어보기(표지판)

灯闪铃响时，请勿上下车。
dēng shǎn língxiǎng shí, qǐng wù shàng xià chē.

등이 켜지고 벨이 울리면 차에 타거나 내리지 마세요.

核心攻略 핵심 표현

2. 听说你要去中国学习。

'听说'는 '듣자니, 들은 바로는 …라 한다.'의 의미로 전해들은 내용을 말할 때, 문장의 맨 앞에 사용합니다.

听说 + 문장

听说他要去首尔。
Tīngshuō tā yào qù Shǒu'ěr.
내가 듣기에 그는 서울에 가는 것 같아.

听说他要去上海。
Tīngshuō tā yào qù Shànghǎi.
내가 듣기에 그는 상하이에 가는 것 같아.

	明天要下雨。
听说	老师生病了。
	他要去中国。

· 首尔 Shǒu'ěr 서울
· 下雨 xiàyǔ 비가 오다
· 生病 shēngbìng 병이 나다

따라 읽어보기(표지판)

入厕请您锁好门。
rù cè qǐng nín suǒhǎo mén.

화장실에 들어가서 문을 닫아주세요.

会话 회화 2

09-02 회화2

수현이가 항공사 직원과 비행기표 문의를 하며

秀贤: 我要预订一张飞机票。
Wǒ yào yùdìng yì zhāng fēijī piào.

職员: 去哪儿的?
Qù nǎr de?

秀贤: 去北京的。
Qù Běijīng de.

職员: 您要预定哪天的?
Nín yào yùdìng nǎ tiān de?

秀贤: 下个月8号有机票吗?
Xiàgèyuè bā hào yǒu jīpiào ma?

職员: 大韩航空和中国国际航空都有票。
Dàhán hángkōng hé Zhōngguó guójì Hángkōng dōu yǒu piào.

秀贤: 多少钱?
Duōshao qián?

職员: 请稍等!
Qǐng shāoděng!

단어 정리

09-02 회화2_단어

预订	yùdìng	동사	예약하다
机票	jīpiào	명사	비행기표
大韩航空	Dàhán hángkōng	명사	대한항공
中国国际航空	Zhōngguó guójì hángkōng	명사	중국 국제항공
国际	guójì	명사	국제
都	dōu	부사	모두
张	zhāng	양사	장(종이나 가죽 등을 세는 단위)
天	tiān	명사	날
下个月	xiàgèyuè		다음 달

核心攻略 핵심 표현

1. 중심어 생략표지 '的'

기능 중심어는 피수식어나 소유물로서 앞 문장에 나와 있는 경우 중복을 피하기 위해서 생략이 됩니다.

수식어	중심어
去哪儿的	(飞机票)
去北京的	(飞机票)

따라 읽어보기(논어 명구)

发愤忘食 fāfèn wàngshí 끼니를 잊을 만큼 열심히 노력하라.
欲速不达 yùsù bùdá 성급하게 이루려 하면 목적에 다다를 수 없다.
以直报怨 yǐzhí bàoyuàn 원한을 정직함으로 갚아라.
见贤思齐 jiànxián sīqí 나보다 나은 사람을 닮고자 하라.

会话 회화 3

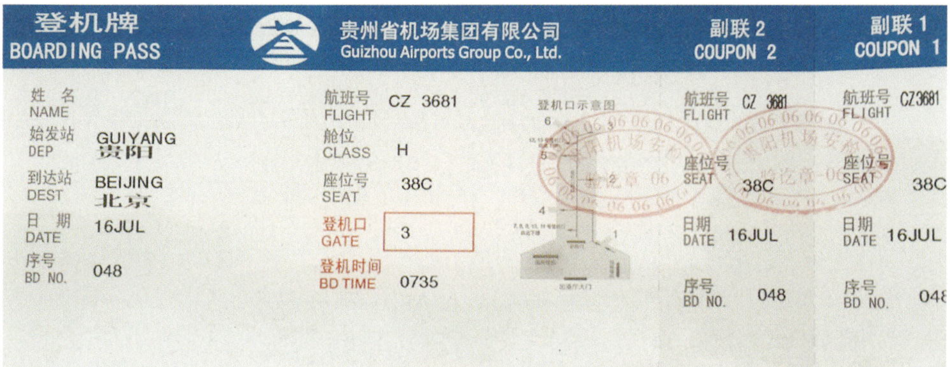

비행기 안에서 스튜어디스와 수현이가 이야기하며 　　09-03 회화3

空中小姐: 大家好，现在开始供餐。
Dàjiā hǎo, xiànzài kāishǐ gōngcān.

请问，您要牛肉饭还是鸡肉饭？
Qǐngwèn, nín yào niúròufàn háishi jīròufàn?

秀　贤: 请给我一份牛肉饭，再给我一张入境单。
Qǐng gěi wǒ yí fèn niúròu fàn, zài gěi wǒ yì zhāng rùjìngdān.

空中小姐: 好的。中文的还是英文的？
Hǎode. Zhōngwén de háishi yīngwén de?

秀　贤: 中文的。飞机几点到北京？
Zhōngwén de. Fēijī jǐ diǎn dào Běijīng?

空中小姐: 到达首都机场的时间是14点10分。
Dàodá Shǒudū jīchǎng de shíjiān shì shísì diǎn shí fēn.

首尔和北京的时差是一个小时。
Shǒu'ěr hé Běijīng de shíchā shì yí gè xiǎoshí.

秀　贤: 谢谢。请给我一杯水。
Xièxie. Qǐng gěi wǒ yì bēi shuǐ.

空中小姐: 马上就来。
Mǎshàng jiù lái.

단어 정리

09-03 회화3_단어

供餐	gōngcān		식사를 제공하다
请问	qǐngwèn		말씀 좀 여쭙겠습니다
牛肉饭	niúròufàn	명사	불고기밥
鸡肉饭	jīròufàn	명사	닭고기밥
份	fèn	양사	인분(전체를 나눈 부분을 세는 단위)
入境单	rùjìngdān	명사	입국 신고서
还是	háishì	접속사	또는
中文	Zhōngwén	명사	중국어
英文	Yīngwén	명사	영어
到达	dàodá	동사	도착하다
首都	Shǒudū	명사	수도
机场	jīchǎng	명사	공항
时差	shíchā	명사	시차
小时	xiǎoshí	명사	시간
杯	bēi	양사	잔(잔을 세는 단위)
马上	mǎshàng	부사	즉시
就	jiù	부사	바로, 곧, 즉시
大家	dàjiā	대명사	모두
到	dào	동사	이르다
时间	shíjiān	명사	시간
分	fēn	양사	분(시간을 세는 단위)
首尔	Shǒu'ěr	명사	서울
水	shuǐ	명사	물

核心攻略 핵심 표현

1. 선택의문 '还是'

기능 'A还是B'는 선택을 유도하는 의문형태로, A 아니면 B 두 가지 중에 한 가지를 선택해야 합니다.

구조 'A + 还是 + B' 구조를 구성합니다.

구(A)	还是 의문	구(B)
你去	还是	他去?
客人上午到	还是	下午到?

你要吃米饭		吃面包?
你去美国	还是	去英国?
你今天去		明天去?

용법 제2과에서 의문표지 '~吗'를 학습하였고, 제5과에서 'A不A' 선택의문 표현을 학습하였습니다.

· 客人 kèrén 손님
· 米饭 mǐfàn 밥
· 面包 miànbāo 빵
· 美国 Měiguó 미국
· 英国 Yīngguó 영국

2. 양사

중국어는 양사가 발달하여, 사물에 따라 각각 다른 양사를 사용합니다.

수사	+	양사	+	명사구
一		份		牛肉饭

一条裤子 yì tiáo kùzi	바지 하나	一瓶啤酒 yì píng píjiǔ	맥주 한 병
一张纸 yì zhāng zhǐ	종이 한 장	一个苹果 yí gè píngguǒ	사과 하나
一杯水 yì bēi shuǐ	물 한 잔	三位老师 sān wèi lǎoshī	선생님 세 분

· 裤子 kùzi 바지
· 瓶 píng 병
· 啤酒 píjiǔ 맥주
· 纸 zhǐ 종이
· 位 wèi 분

3. 马上就来。

'就'는 화자의 강한 의지를 나타냅니다.

就 + 술어

马上就到。
mǎshàngjiù dào。
곧 도착합니다.

我马上就回来。
Wǒ mǎshàng jiù huílái.
곧 돌아오겠습니다.

电影		要结束了。
他	就	要走了。
他马上		要回家了。

· 结束 jiéshù 마치다, 끝나다
· 走 zǒu 떠나다
· 回家 huíjiā 집으로 돌아가다

短文 단문

09-04 단문

秀賢和玄彬是韓國來的交換學生，他們的專業都是漢語。玄彬來中國留學一年多了，學習很努力。秀賢也很努力學習，但是秀賢最近身體不太好，感冒了。所以他很想家。習濤和趙美給秀賢送去了很多水果，希望他早日康復。

秀贤和玄彬是韩国来的交换学生，他们的专业都是汉语。玄彬来中国留学一年多了，学习很努力。秀贤也很努力学习，但是秀贤最近身体不太好，感冒了。所以他很想家。习涛和赵美给秀贤送去了很多水果，希望他早日康复。

간체자 쓰기

단어 정리

09-04 단문_단어

努力	nǔlì	동사	노력하다
流利	liúlì	형용사	유창하다
送	sòng	동사	보내다
早日	zǎorì	명사	조기. 조속한 시일
康复	kāngfù	동사	건강을 회복하다
留学	liúxué	동사	유학하다

课堂活动 교실 활동

방법

다음의 지도를 참조하여, 자신이 가고 싶은 3가지 여행 코스와 그곳의 유명한 음식을 소개해 보시오.

1코스

2코스

3코스

练习 연습

1. 다음 단어의 한자, 한어병음, 뜻을 채워 넣으시오.

	중국어	한어병음	뜻		중국어	한어병음	뜻
1		shēnqǐng		9			시차
2			계획하다	10		shǒudū	
3	听说			11	马上		
4		yuánlái		12		jiù	
5			상의하다	13			공항
6		dàodá		14	机票		
7			입국신고서	15		dōu	
8	如果			16	供餐		

2. 다음 밑줄 친 부분에 알맞은 단어를 넣어 대화문을 완성해 보시오.

(1) 我 ________ 了中国的交换学生。

(2) ________ 你要去中国学习，真的吗?

(3) 我要 ________ 两张飞机票。

(4) 请 ________ 我一 ________ 牛肉饭。

(5) 要中文的 ________ 英文的?

(6) 首尔和北京的 ________ 是一个小时。

3. 다음 중국어 문장을 한국어로 해석하시오.

(1) 大韩航空和中国国际航空都有票。

______________________________。

(2) 请给我一份牛肉饭，再给我一张入境单。

______________________________。

趣味汉语 재미있는 중국어

知行合一

zhīxíng héyī

지식과 행동이 일치하다.

文化知识 문화 지식

중국의 음식문화

'食在中国'라는 말이 있을 정도로, 중국은 음식문화가 다양합니다.

(1) 식생활 습관

아침에는 대개 채소나 고기 속이 있는 찐만두인 包子 bāozǐ, 속이 없는 찐빵인 馒头 mántóu, 꽈배기 모양의 밀가루 튀김인 油条 yóutiáo 등을 사 먹습니다. 점심 때는 직장의 구내식당이나 주변 식당에서 먹는데, 일반 서민들은 면이나 덮밥 종류로 한 끼를 해결하는 경우가 많습니다. 저녁은 퇴근 후 가정에서 직접 만들어 먹는데, 다소 간략했던 아침 · 점심식사를 보충이나 하려는 듯 제대로 챙겨 먹으려는 경향이 있습니다.

중국 요리는 凉菜 liángcài, 热菜 rècài, 主食 zhǔshí, 汤 tāng 순서로 나옵니다. 凉菜는 주요리가 나오기 전에 입맛을 돋우기 위해 먹는 간단한 음식이고, 热菜는 주문 후 즉시 만들어 내는 요리를 말합니다. 그 다음에 메인 요리인 主食이 나오고, 마지막에 맑게 끓인 국(汤)이 나옵니다.

식당에서 여러 명이 함께 식사할 때는 좌석 배치가 중요합니다. 일반적으로 연장자나 손님은 문이 바라보이는 가장 안쪽 자리에 앉고, 서열이 낮은 사람일수록 문 가까운 자리나 문을 등진 자리에 앉습니다. 요리가 나오면 각자 앞 접시에 먹을 만큼 덜어 먹는데, 이때 손님이나 윗사람에게 먼저 요리를 권하며, 다른 사람이 맛볼 수 있도록 한꺼번에 많은 요리를 덜어가지 않습니다.

(2) 지역별 요리 특징

중국 요리를 산동(山东 Shāndōng), 사천(四川 Sìchuān), 강소(江苏 Jiāngsū), 절강(浙江 Zhèjiāng), 안휘(安徽 ānhuī), 호남(湖南 Húnán), 복건(福建 Fújiàn), 광동(广东 Guǎngdōng)의 '8대 요리', 또는 북경, 상해, 사천, 광동의 '4대 요리'로 구분하는데, 여기서는 4대 요리를 살펴봅니다.

- 북경 요리 -

베이징 요리는 京菜 Jīngcài라고 합니다. 베이징은 원(元 Yuán) · 명(明 Míng) · 청(清 Qīng)의 수도로서 지리적으로도 문화의 중심지였기 때문에 궁중요리와 같은 고급요리가 발달했습니다. 통째로 구운 오리를 얇게 저며 전병에 파와 장을 곁들여 싸서 먹는 北京烤鸭 Běijīng kǎoyā, 종이처럼 얇게 썬 양고기 편을 끓는 물에 살짝 데친 후 양념장에 찍어 먹는 涮羊肉 shuànyángròu가 유명합니다.

- 상해 요리 -

상하이 요리는 바다에서 나오는 풍부한 해산물을 재료로 하는 음식이 많으며, 대체로 달고 기름기가 많습니다. 상하이 요리 중 유명한 것으로는 민물 게 요리와 清蒸大闸蟹 qīngzhēng dàzháxiè가 있습니다.

- 사천 요리 -

사천요리는 중국 내륙부의 사천, 운남(云南 Yúnnán), 귀주(贵州 Guìzhōu) 지역의 요리를 포함합니다. 옛날부터 중국의 곡창지대로 유명한 쓰촨분지는 사계절 산물이 모두 풍성해, 야생 동식물이나 채소류, 민물고기를 주재료로 한 요리가 많습니다. 麻婆豆腐 mápó dòufu, 宫保鸡丁 gōngbào jīdīng, 火锅 huǒguō 등 매운 요리로 유명합니다.

- 광동 요리 -

중국 남부에 있는 광동, 복건, 광서 등에서 주로 먹는 요리를 말합니다. 중국 요리 중 세계적으로 가장 많이 알려진 것이 바로 광동요리입니다. 16세기 이래 외국 선교사와 상인들의 왕래가 빈번하였기 때문에 전통 요리에 서양 요리법이 결합하여 독특한 특성을 지니고 있습니다. 咕咾肉 gǔlǎoròu, 点心 diǎnxin 등은 우리에게 친숙한 광동요리입니다.

核心句 핵심구

1. 听说你要去中国学习。
2. 请稍等。
3. 中文的还是英文的?
4. 马上就来。

10
第十课

网络汉语

Wǎngluò Hànyǔ

학습목표

1. 컴퓨터와 인터넷 관련 용어 익히기
2. 비교표현 학습하기

① 显示器 xiǎnshìqì 모니터 ② 液晶 yèjīng 액정 ③ 键盘 jiànpán 키보드
④ 鼠标 shǔbiāo 마우스 ⑤ 打印机 dǎyìnjī 프린터 ⑥ 扫描仪 sǎomiáoyí 스캐너
⑦ 笔记本电脑 bǐjìběn diànnǎo 노트북 컴퓨터

会话 회화 1

수현과 赵美가 노트북을 보면서 이야기하며

10-01 회화1

秀贤: 这是你昨天买的笔记本电脑吗?
Zhè shì nǐ zuótiān mǎi de bǐjìběn diànnǎo ma?

赵美: 是啊! 速度比以前快一倍。
Shì a! Sùdù bǐ yǐqián kuài yí bèi.

秀贤: 这台电脑又轻又薄, 价格贵不贵?
Zhè tái diànnǎo yòu qīng yòu báo, jiàgé guì bu guì?

赵美: 不贵, 比原来的便宜。
Bú guì, bǐ yuánlái de piányi.

秀贤: 真羡慕你, 我也想买一台新款笔记本。
Zhēn xiànmù nǐ, wǒ yě xiǎng mǎi yì tái xīnkuǎn bǐjìběn.

赵美: 星期天我带你去中关村看看, 那里电子产品很多。
Xīngqītiān wǒ dài nǐ qù Zhōngguāncūn kànkan, nàlǐ diànzǐ chǎnpǐn hěn duō.

秀贤: 太好了, 谢谢!
Tài hǎo le, xièxie!

단어 정리

10-01 회화1_단어

昨天	zuótiān	명사	어제
笔记本电脑	bǐjìběndiànnǎo	명사	노트북
速度	sùdù	명사	속도
比	bǐ	전치사	…보다
以前	yǐqián	명사	이전
快	kuài	형용사	속도가 빠르다
倍	bèi	양사	배(배수를 세는 단위)
台	tái	양사	대(기계, 차량 등을 세는 단위)
又	yòu	부사	또
轻	qīng	형용사	가볍다
薄	báo	형용사	얇다
价格	jiàgé	명사	가격
贵	guì	형용사	비싸다
便宜	piányi	형용사	싸다
羡慕	xiànmù	형용사	부러워하다
新款	xīnkuǎn	명사	(디자인·모양·양식·모델 등에서) 새로운 스타일
星期天	xīngqītiān	명사	일요일
电子	diànzǐ	명사	전자
产品	chǎnpǐn	명사	생산품, 제품
真	zhēn	부사	참으로, 진정으로
那里	nàli	대명사	그곳, 거기, 저기
多	duō	형용사	많다

核心攻略 핵심표현

1. 비교표지 '比'

기능 A와 B를 비교할 때, 'A+比+B' 구조를 사용하여, 'A는 B보다 ~ 하다.'의 뜻을 나타냅니다.

구조 'A+比+B+술어' 구조를 이룹니다.

주어	부사어		술어
	전치사	명사	
他	比	我	大。
我	比	你	高。

中国		韩国	大。
我	比	弟弟	高。
汉语		韩语	难。

용법 비교표지 比를 사용하는 문장에서는 정도를 나타내는 부사 '很'을 사용할 수 없습니다. 왜냐하면, 비교문에서 이미 정도의 의미가 표현되었기 때문입니다.

· 高 gāo (키가)크다

2. 这台电脑又轻又薄。

'又A又B'는 두 가지의 상황이 동시에 존재할 때 사용하는 문형으로, '~하면서, 한편으로는 또 ~하다.'는 뜻입니다.

又 A 又 B

这个东西又好又便宜。
Zhè ge dōngxi yòu hǎo yòu piányi.

이 물건은 좋으면서도 값도 싸다.

男朋友	又	高	又	帅。
大家	又	唱歌	又	跳舞。

· 东西 dōngxi 물건
· 跳舞 tiàowǔ 춤을 추다

核心攻略 핵심 표현

3. 조동사 '想'

기능 어떤 일에 대한 의지를 나타내며, '…하고 싶다. …하려 하다'의 뜻을 나타냅니다.

구조 '想'는 술어 앞에 위치합니다.

주어	부사어	술어	목적어
我	想	买	一台新款笔记本。

我想吃火锅。
Wǒ xiǎng chī huǒguō.
나는 샤브샤브가 먹고 싶습니다.

我想回家。
Wǒ xiǎng huí jiā.
나는 집에 가고 싶습니다.

我想请你吃全聚德烤鸭。
Wǒ xiǎng qǐng nǐ chī Quánjùdé kǎoyā.
나는 당신에게 취앤쥐떠 오리요리를 대접하고 싶습니다.

我		去	中国留学。
妈妈	想	看	电影。
爸爸		买	新车。

용법 '想'은 조동사의 '…하고 싶다. …하려 하다'의 뜻 이외에, '생각하다. 그리워하다. 희망하다.'의 뜻을 가진 일반동사로도 사용되어, 문장에서 술어를 담당합니다.

주어	부사어	술어	목적어
我		想	你。
我	想	吃	面。

· 火锅 huǒguō 중국식 샤브샤브
· 留学 liúxué 유학하다
· 新车 xīnchē 새 차

会话 회화 2

PC방에서 赵美와 수현이 인터넷을 하면서

10-02 회화2

赵美: 习涛最喜欢上网。
Xítāo zuì xǐhuan shàngwǎng.

秀贤: 对，他还买了新电脑。
Duì, tā hái mǎi le xīn diànnǎo.

赵美: 在网上可以做很多有趣的事。
Zài wǎngshang kěyǐ zuò hěn duō yǒuqù de shì.

秀贤: 是的。中国学生经常上网做什么？
Shìde. Zhōngguó xuésheng jīngcháng shàngwǎng zuò shénme?

赵美: 在QQ聊天，在百度检索，在淘宝购物等等。
Zài QQ liáotiān, zài Bǎidù jiǎnsuǒ, zài Táobǎo gòuwù děngdeng.

秀贤: 慢点儿说，我们一起看看。
Màn diǎnr shuō, wǒmen yìqǐ kànkan.

赵美: 我帮你。以后我们也可以在QQ上聊天了。
Wǒ bāng nǐ. Yǐhòu wǒmen yě kěyǐ zài QQ shang liáotiān le.

秀贤: 好。你教我怎么打汉字、使用网络语言。
Hǎo. Nǐ jiāo wǒ zěnme dǎ Hànzì 、 shǐyòng wǎngluò yǔyán.

赵美: 没问题。
Méiwèntí.

단어 정리

10-02 회화2_단어

上网	shàngwǎng	동사	인터넷을 하다
新	xīn	형용사	새롭다
有趣	yǒuqù	형용사	재미있다
经常	jīngcháng	부사	늘
聊天	liáotiān	동사	한담하다
百度	Bǎidù	명사	중국 웹 사이트
检索	jiǎnsuǒ	동사	검색하다
淘宝	Táobǎo	명사	중국 웹 사이트
购物	gòuwù	동사	쇼핑하다
等	děng	명사	등
慢	màn	형용사	느리다
一点儿	yìdiǎnr	양사	조금. 약간(불확실한 수량)
帮	bāng	동사	돕다
以后	yǐhòu	명사	나중에
打	dǎ	동사	(키보드를) 치다
使用	shǐyòng	동사	사용하다
网络	wǎngluò	명사	네트워크
语言	yǔyán	명사	언어
没问题	méiwèntí	동사	문제없다. 자신 있다
在网上	zài wǎngshang		인터넷에서
事	shì	명사	일. 직무
汉字	Hànzì	명사	한자

따라 읽어보기(표지판)

保护环境 请勿乱仍垃圾。
bǎohù huánjìng, qǐng wù luànrēng lājī.

환경보호! 쓰레기를 함부로 버리지 마세요.

核心攻略 핵심표현

1. 慢(一)点儿。

'一点儿'은 동사나 형용사인 술어 뒤에서 보어로 쓰이며, 양이나 크기 등의 적은 정도를 나타낸다.

A + (一)点儿

多吃(一)点儿吧!
Duō chī yìdiǎnr ba.

좀 더 먹으십시오.

月租再便宜(一)点儿吧!
Yuèzū zài piányi yìdiǎnr ba!

월임대료를 조금 더 싸게 해주십시오.

多喝		吧!
多吃	(一)点儿	吧!
多买		吧!

· 月租 yuèzū 월임대료

2. 조동사 '可以'

기능 어떤 일에 대한 의지를 나타내며, '… 가능하다.'의 뜻을 나타냅니다.

구조 '可以'는 술어 앞에 위치합니다.

부사어	부사어	술어	목적어
在网上	可以	做	很多有趣的事。

용법 제5과 조동사 '可以'의 기능은 '허가'를 나타내는 표현입니다.

这儿可以抽烟吗?
Zhèr kěyǐ chōuyān ma?

· 抽烟 chōuyān 담배(를) 피우다. 흡연하다

短文 단문

10-03 단문

習濤對電腦很感興趣，是一個電腦迷。他每天上網學習、工作。趙美喜歡聽音樂、看電影、在QQ上和朋友聊天兒。最近趙美教我打漢字，還教我一些網絡語言，我覺得上網非常有意思。我結交了很多中國網友，他們都誇我的漢語水平很好，所以我現在更有自信了。

习涛对电脑很感兴趣，是一个电脑迷。他每天上网学习、工作。赵美喜欢听音乐、看电影、在QQ上和朋友聊天儿。最近赵美教我打汉字，还教我一些网络语言，我觉得上网非常有意思。我结交了很多中國网友，他们都夸我的汉语水平很好，所以我现在更有自信了。

간체자 쓰기

단어 정리

10-03 단문_단어

感兴趣	gǎnxìngqù		관심이 있다. 흥미가 있다. 좋아하다
迷	mí	명사	애호가 팬
音乐	yīnyuè	명사	음악
觉得	juéde	동사	…라고 여기다. 생각하다
有意思	yǒuyìsi	형용사	재미있다. 흥미 있다
结交	jiéjiāo	동사	친교를 맺다
网友	wǎngyǒu	명사	PC통신을 매개로 만난 친구
夸	kuā	동사	칭찬하다
自信	zìxìn	명사	자신
更	gèng	부사	더욱
工作	gōngzuò	동사	일하다

课堂活动 교실 활동

방법

두 개의 단어에 공통으로 사용될 수 있는 한자를 넣으시오.

예 明(天) - 今(天)

1. 汉(　) - 韩(　) - (　)言
2. (　)起 - (　)点儿 - 星期(　)
3. (　)友 - 上(　) - (　)络
4. (　)影 - (　)脑 - (　)子用品
5. 打(　)字 - (　)语

따라 읽어보기(표지판)

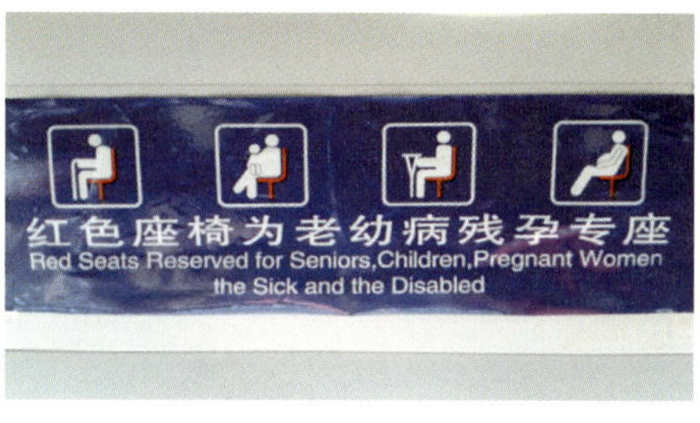

红色座椅，为老幼病残孕专座。
hóngsè zuòyǐ, wéi lǎo yòu bìng cán yùn zhuānzuò.

빨간색 좌석은 노인·어린이·환자·장애인·임산부 전용좌석입니다.

练习 연습

1. 다음 단어의 한자, 한어병음, 뜻을 채워 넣으시오.

	중국어	한어병음	뜻		중국어	한어병음	뜻
1		chǎnpǐn		8			얇다
2	价格			9		shǐyòng	
3		bāng		10			부러워하다
4			싸다	11	有趣		
5	检索			12			쇼핑하다
6			네트워크	13	新款		
7	聊天			14	速度		

2. 다음 밑줄 친 부분에 알맞은 단어를 넣어 대화문을 완성해 보시오.

(1) 速度比以前__________一倍。

(2) 我也想买一__________新款笔记本。

(3) 在网上__________做很多有趣的事。

3. 다음 문장을 한국어로 해석하시오.

(1) 不贵，比原来的便宜。

________________________________。

(2) 你教我怎么打汉字、使用网络语言。

________________________________。

(3) 这台电脑又轻又薄，价格贵不贵？

________________________________。

4. 다음 제시된 단어들을 알맞게 배열하여 문장을 만들어 보시오.

(1) 很 / 对 / 习涛 / 电脑 / 感兴趣

________________________________。

(2) 学生 / 经常 / 什么 / 上网 / 中国 / 做

________________________________。

趣味汉语 재미있는 중국어

秀才不出门，能知天下事。

Xiùcái bù chū mén, néng zhī tiānxià shì.

학식이 뛰어난 사람은 문 밖을 나가지 않아도 능히 천하의 일을 알 수 있다.

· 秀才 xiùcái 인재
· 天下 tiānxia 천하

文化知识 문화 지식

중국의 인터넷 용어

요즘 중국에는 우리의 PC방인 网吧 wǎngbā가 성업 중입니다. 중국 사람들은 인터넷 게임을 좋아하며, 인터넷을 통한 화상채팅도 좋아합니다.

중국어 인터넷 용어를 살펴보면 아래와 같습니다.

恐龙	kǒnglóng	추남
青蛙	qīngwā	추녀
GG		형/오빠
JJ		누나/언니
MM		여동생
520	wǔ èr líng	我爱你(나는 당신을 사랑합니다)
88	bābā	拜拜(잘 가!)
P9	P jiǔ	啤酒(맥주)
3Q	sānQ	thank you.
7456	qī sì wǔ liù	气死我了(화나서 죽겠네)

- 대만에서 -

核心句 핵심구

1. 速度比以前快一倍。
2. 这台电脑又轻又薄。
3. 太好了。
4. 慢点儿说。

한국인을 위해 설계한 최고의 중국어 학습서!

加油 지아요우

초급 중국어

간체자 단어 쓰기 노트

한국인을 위해 설계한 최고의 중국어 학습서!

加油 지아요우

초급 중국어

간체자

단어 쓰기 노트

1과. 단어쓰기 노트

您 nín 당신(존칭)	丿 亻 亻' 亻⺈ 你 你 你 你 您 您 您 您 您 您
你 nǐ 너	丿 亻 亻' 亻⺈ 你 你 你 你 你 你
我 wǒ 나	ˊ 二 于 手 我 我 我 我 我 我
他 tā 그	丿 亻 亻ᄀ 仲 他 他 他 他
她 tā 그녀	〈 女 女 如 如 她 她 她 她

好
hǎo
좋다, 아름답다

㇛ 𡿨 女 女' 奵 好

好 好 好

早
zǎo
아침, 이르다

丨 冂 日 日 旦 早

早 早 早

再见
zàijiàn
또 뵙겠습니다

一 厂 冂 币 再 再　丨 冂 贝 见

再 再 再
见 见 见

明天
míngtiān
내일

丨 冂 日 日 明 明 明 明　一 二 チ 天

明 明 明
天 天 天

同学
tóngxué
학우

丨 冂 冂 同 同 同　丶 丷 ⺍ ⺍ 𰀁 学 学 学

同 同 同
学 学 学

老师
lǎoshī
선생님

一 十 土 耂 老 老　丨 刂 刂 师 师 师

老 老 老
师 师 师

2과. 단어쓰기 노트

贵姓
guìxìngxìng
상대방의 성씨를 물을 때

丶 ㇆ 口 中 虫 冉 冉 贵 贵　㇛ 女 女 女 女 姓 姓 姓

贵	贵	贵				
姓	姓	姓				

叫
jiào
라고 부르다

丨 ㇆ 口 口 叫

叫	叫	叫				

什么
shénme
무엇

丿 亻 仁 什　丿 么 么

什	什	什				
么	么	么				

名字
míngzi
이름

丿 ク 夕 夕 名 名　丶 丶 宀 宁 宇 字

名	名	名				
字	字	字				

哪
nǎ
어느

丨 ㇆ 口 叮 叮 呀 哵 哪 哪

哪	哪	哪				

中国

Zhōngguó

중국

丨 冂 口 中　丨 冂 冂 冃 冃 国 国 国

中	中	中				
国	国	国				

韩国

Hánguó

한국

一 十 𠂉 古 古 古 直 卓 卓 韩 韩 韩　丨 冂 冂 冃 冃 国 国 国

韩	韩	韩				
国	国	国				

也

yě

역시

𠃌 力 也

也	也	也				

是

shì

이다

丨 冂 日 日 旦 早 早 昰 是

是	是	是				

谁

shéi

누구

丶 讠 讠 讠 讠 讠 诈 诈 谁 谁

谁	谁	谁				

朋友

péngyou

친구

丿 月 月 月 刖 朋 朋 朋　一 ナ 方 友

朋	朋	朋				
友	友	友				

3과. 단어쓰기 노트

	필순
几 jǐ 몇	丿 几
月 yuè 달	丿 冂 月 月
号 hào 일	丨 口 口 号 号
生日 shēngrì 생일	丿 𠂉 𠂉 牛 生 丨 冂 日 日
多 duō 얼마	丿 ク 夕 夕 多 多

岁

suì
세, 살

丶 山 山 屮 岁 岁						
岁	岁	岁				

现在

xiànzài
현재

一 二 千 王 玎 玑 玑 现 一 ナ オ 在 在 在						
现	现	现				
在	在	在				

点

diǎn
시

丨 卜 卜 占 占 占 点 点 点						
点	点	点				

半

bàn
30분, 반

丶 丷 丷 兰 半						
半	半	半				

上课

shàngkè
수업하다

丨 卜 上 丶 讠 讠 讵 讵 诅 诅 课 课 课						
上	上	上				
课	课	课				

起床

qǐchuáng
기상하다

一 十 土 キ キ 卡 走 起 起 丶 亠 广 广 庁 床 床						
起	起	起				
床	床	床				

下午

xiàwǔ

오후

一 丅 下　丿 𠂉 𠂇 午

下	下	下				
午	午	午				

4과. 단어쓰기 노트

喝

hē

마시다

喝	喝	喝				

咖啡

kāfēi

커피

咖	咖	咖				
啡	啡	啡				

茶

chá

차

一 十 艹 艾 艾 苓 茶 茶 茶

茶	茶	茶				

作业

zuòyè

과제

丿 亻 亻 作 作 作 作　丨 ‖ 业 业 业

作	作	作				
业	业	业				

周末
zhōumò
주말

丿 冂 月 円 用 周 周 周　一 二 キ 才 末

周 周 周
末 末 末

难
nán
어렵다

フ ヌ 𫝀 对 对 对 对 对 难 难

难 难 难

写
xiě
쓰다

丶 冖 冖 写 写

写 写 写

读
dú
읽다

丶 讠 讠 讠 讠 讠 讠 读 读 读

读 读 读

常
cháng
자주

丨 丨 丨 丨 常 常 常 常 常 常 常

常 常 常

听
tīng
듣다

丨 口 口 叮 叮 听 听

听 听 听

歌

gē

노래

一 丆 丆 可 可 可 哥 哥 哥 哥 哥 哥 歌 歌

歌 歌 歌

最

zuì

가장

丶 口 日 旦 早 早 旱 旱 旱 最 最 最

最 最 最

喜欢

xǐhuan

좋아하다

一 十 士 吉 吉 吉 吉 吉 壴 喜 喜 喜 フ ヌ ヌ 欢 欢 欢

喜 喜 喜

欢 欢 欢

5과. 단어쓰기 노트

看

kàn

보다

一 二 三 手 手 看 看 看 看

看 看 看

房子

fángzi

집

丶 亠 亠 户 户 戶 房 房 フ 了 子

房 房 房

子 子 子

坐

zuò
앉다

丿 人 从 从 丛 坐 坐

坐 坐 坐

图书馆

túshūguǎn
도서관

丨 冂 冂 冈 冈 图 图 图　乛 ㇇ 书 书　丿 𠂉 饣 饣 饣 饣 饣 饣 馆 馆 馆

图 图 图

书 书 书

馆 馆 馆

公共汽车

gōnggòng qìchē
버스

丿 八 公 公　一 十 廾 廾 共 共　丶 丶 氵 氵 汽 汽 汽　一 𠂇 𠂇 车

公 公 公

共 共 共

汽 汽 汽

车 车 车

请进

qǐngjìn
어서 오세요

丶 讠 讠 讠 讠 讠 讠 请 请 请　一 二 キ 井 井 讲 进

请 请 请

进 进 进

空调

kōngtiáo
에어컨

丶 丶 宀 宀 穴 空 空 空　丶 讠 讠 训 训 训 调 调 调 调

空 空 空

调 调 调

冰箱
bīngxiāng
냉장고

丶 冫 冫 冫 冰 冰　丿 𠂉 𠂉 𥫗 𥫗 𥫗 𥫗 笋 笋 笋 箱 箱 箱 箱 箱

冰 冰 冰
箱 箱 箱

电视
diànshì
텔레비전

丨 冂 日 日 电　丶 ⺀ 礻 礻 礻 初 初 视

电 电 电
视 视 视

银行
yínháng
은행

丿 𠂉 𠂉 𠂉 钅 钅 钅 钅 银 银 银　丿 彡 彳 彳 行 行

银 银 银
行 行 行

超市
chāoshì
마트

一 十 土 十 丰 走 走 起 起 起 超 超　丶 亠 广 市 市

超 超 超
市 市 市

6과. 단어쓰기 노트

稍等
shāoděng
잠깐 기다리다

丿 二 千 禾 禾 禾 利 利 利 稍 稍 稍　丿 𠂉 𠂉 𥫗 𥫗 𥫗 𥫗 笁 笁 筀 等 等

稍 稍 稍
等 等 等

记得
jìde
기억하고 있다

丶 讠 讠 讠 记　丿 彳 彳 彳 彳 彳 彳 彳 得 得 得

记 记 记
得 得 得

炸酱面
zhàjiàngmiàn
자장면

炸 酱 面

炸 炸 炸
酱 酱 酱
面 面 面

介绍
jièshào
소개하다

丿 人 介 介　纟 纟 纟 纟 纟 绍 绍 绍

介 介 介
绍 绍 绍

蛋糕
dàngāo
케이크

蛋 糕

蛋 蛋 蛋
糕 糕 糕

吹
chuī
입으로 힘껏 불다

丨 口 口 口 吹 吹 吹

吹 吹 吹

第 dì 순서	丿 𠂉 𥫗 ⺮ 竺 竺 笃 笃 笃 第 第
	第 第 第

祝 zhù 축하하다	丶 ⺈ 礻 礻 礻 祀 祀 祀 祝
	祝 祝 祝

过 guò 보내다	一 寸 寸 寸 讨 过
	过 过 过

给 gěi ~에게	𠃋 纟 纟 纟 纟 纵 纵 给 给
	给 给 给

7과. 단어쓰기 노트

买 mǎi 사다	乛 乛 乛 三 买 买
	买 买 买

教材
jiàocái
교재

一 十 土 耂 耂 考 孝 孝 孝 教 教　一 十 才 木 村 村 材

教	教	教				
材	材	材				

打折
dǎzhé
할인하다

一 十 扌 扌 打　一 十 扌 扌 扌 扩 折

打	打	打				
折	折	折				

取
qǔ
찾다

一 丅 丌 丌 再 耳 取 取

取	取	取				

钱
qián
돈

丿 𠂉 𠂉 乍 钅 钅 钅 钱 钱 钱

钱	钱	钱				

忘
wàng
잊다

丶 亠 亡 亡 忘 忘 忘

忘	忘	忘				

带
dài
데려가다

一 十 卄 卅 卅 带 带 带 带

带	带	带				

水果 shuǐguǒ 과일	丨 亅 水 水 丶 冖 冂 日 旦 甲 果 果
卖 mài 팔다	一 十 土 圭 圭 壶 卖 卖
要 yào 원하다	一 丆 丙 丙 西 西 要 要 要
便宜 piányi 싸다	丿 亻 亻 仁 佰 佰 佰 便 便 丶 丷 宀 宁 宜 宜 宜 宜
优惠 yōuhuì 특혜, 우대	丿 亻 仁 仕 优 优 一 丆 丙 丙 百 亩 亩 由 惠 惠 惠 惠
所以 suǒyǐ 그래서	丿 厂 户 户 户 所 所 所 レ レ 以 以

忙
máng
바쁘다

丶 丷 忄 忄 忙 忙 忙

感冒
gǎnmào
감기에 걸리다

感 冒

舒服
shūfu
편안하다

舒 服

医院
yīyuàn
병원

医 院

客气
kèqi
예의를 차리다

客 气

帮助

bāngzhù

도움

帮	帮	帮				
助	助	助				

烤鸭

kǎoyā

오리구이

烤	烤	烤				
鸭	鸭	鸭				

非常

fēicháng

대단히

非	非	非				
常	常	常				

身体

shēntǐ

건강

身	身	身				
体	体	体				

感谢

gǎnxiè

고맙다

感	感	感				
谢	谢	谢				

9과. 단어쓰기 노트

交换
jiāohuàn
교환하다

丶 亠 六 六 亣 交　一 十 才 扌 扌 扌 扚 护 换 换

交	交	交				
换	换	换				

商量
shāngliang
상의하다

丶 亠 亠 六 产 产 商 商 商 商 商　丨 口 日 日 旦 昌 昌 昌 量 量 量 量

商	商	商				
量	量	量				

打算
dǎsuan
계획하다

一 十 扌 扌 打　丿 𠂉 𠂉 𥫗 𥫗 竹 竹 竹 竹 笞 筲 筲 笪 算 算

打	打	打				
算	算	算				

预订
yùdìng
예약하다

フ マ 卫 予 予 予 预 预 预 预　丶 讠 讠 订

预	预	预				
订	订	订				

航空
hángkōng
항공

丿 丿 介 舟 舟 舟 舟 舟 舫 航　丶 丶 宀 宀 穴 空 空 空

航	航	航				
空	空	空				

入境单

rùjìngdān

출입국 신고서

丿 入　一 十 扌 扌 扌 扌 扌 垆 垆 培 培 培 境 境　丶 丷 丷 䒑 台 台 台 单

入	入	入				
境	境	境				
单	单	单				

到达

dàodá

도착하다

一 𠄌 六 至 至 至 到 到　一 ナ 大 大 达 达

到	到	到				
达	达	达				

首都

shǒudū

수도

丶 丷 䒑 产 䒑 首 首 首 首　一 十 土 耂 耂 者 者 者 都 都

首	首	首				
都	都	都				

机场

jīchǎng

공항

一 十 才 木 机 机　一 十 土 圬 场 场

机	机	机				
场	场	场				

10과. 단어쓰기 노트

速度 sùdù 속도	速: 一 𠃌 𠂇 ... 速 / 度: 丶 亠 广 ... 度
薄 báo 얇다	薄
羡慕 xiànmù 부러워하다	羡 / 慕
新款 xīnkuǎn 새로운 스타일	新 / 款
聊天 liáotiān 한담하다	聊 / 一 二 チ 天

速 速 速

度 度 度

薄 薄 薄

羡 羡 羡

慕 慕 慕

新 新 新

款 款 款

聊 聊 聊

天 天 天

检索
jiǎnsuǒ
검색하다

一 十 才 木 术 朴 朴 柃 柃 检 检　一 十 广 击 去 去 壶 索 索 索

检 检 检
索 索 索

购物
gòuwù
쇼핑하다

丨 冂 贝 贝 贝 购 购 购　丿 ㇒ 牛 牛 牜 牞 物 物

购 购 购
物 物 物

网络
wǎngluò
네트워크

丨 冂 冂 冈 网 网　纟 纟 纟 纟 纱 终 络 络 络

网 网 网
络 络 络

迷
mí
애호가, 팬

丶 丷 䒑 半 米 米 迷 迷 迷

迷 迷 迷

夸
kuā
칭찬하다

一 ナ 大 大 夲 夸

夸 夸 夸

自信
zìxìn
자신감

丨 亻 白 白 自 自　丿 亻 亻 亻 仁 仁 信 信 信

自 自 自
信 信 信

MEMO

加油 지아요우 초급 중국어

지은이 박용진, 박병선, 장은수, 张燕, 郭小明
펴낸이 이남호
펴낸곳 소리내

초판 1쇄 인쇄 2016.2.25
초판 1쇄 발행 2016.2.29

소리내 전라북도 전주시 완산구 어진길 32 (풍남동2가)
기획 송덕호
디자인 이소형, 이진영
회계 · 행정 이진주
전화 (063) 219-5321~2
FAX (063) 219-5323
출판등록 2012년 8월 20일 제 465-2012-000021호

값 14,800원 (간자체 쓰기 노트, MP3 CD 1장 포함)

ISBN 978-89-98534-78-3 13720

이 도서의 국립중앙도서관 출판예정도서목록(CIP)은 서지정보유통지원시스템홈페이지(http://seoji.nl.go.kr)와 국가자료공동목록시스템(http://www.nl.go.kr/kolisnet)에서 이용하실 수 있습니다. (CIP제어번호 : CIP2016002002)

· **소리내**는 전북대학교출판문화원의 임프린트입니다.